행복한 삶을 위한 철학에세이

-현대인의 행복한 삶을 위한 철학 수업-

행복한 삶을 위한 철학에세이: 현대인의 행복한 삶을 위한 철학 수업

This Edition was published by Jipmoondang in 2024, Seoul, Korea.

행복한 삶을 위한
철학에세이
- 현대인의 행복한 삶을 위한 철학 수업 -
양해림 지음
집문당

저자 **양해림**

독일 베를린 훔볼트(Humboldt)대학교 철학과에서 "빌헬름 딜타이의 사회철학: 개인과 사회의 관계"에 대한 주제로 철학박사학위를 받았다. 현재 충남대학교 인문대학 철학과 교수로 재직하고 있다. "2020년 대전광역시장 인권상", "2022년 대한민국 인권상(국가인권위원회 위원장)"을 받았다.

행복한 삶을 위한 철학에세이
-현대인의 행복한 삶을 위한 철학 수업-

2024년 4월 1일 1판 1쇄
2024년 7월 15일 1판 2쇄

저자 | 양해림
발행인 | 임동규
발행처 | **(주)집문당**
등록 | 1971. 3. 23. 제2012-000069호
주소 | 03134 서울시 종로구 돈화문로 82, 5층
전화 | +82-1811-7567
이메일 | sale@jipmoon.com
홈페이지 | www.jipmoon.com

ISBN 978-89-303-1963-8 03100

가격 15,000원

(주)집문당 이순신돋움체B (저작권자 아산시, 무료글꼴)

머리말

행복이란 무엇일까요? 잘 산다는 의미란 무엇일까요?

이는 동서고금을 통해 선인들이 줄기차게 추구한 물음이지만, 아직도 이 물음은 계속 진행중입니다. 어쩌면 인류가 이 지구상에서 사라질 때에야 비로소 이 물음도 끝날지 모릅니다. 아무쪼록 행복한 삶과 철학은 그 역사가 오래된 만큼이나 아주 다양한 내용을 담고 전개되어 왔습니다. 우리가 언제나 마주치는 행복이란 어휘는 정치 · 경제 · 사회 · 문화 · 예술 등 여러 영역에 걸쳐 헤아릴 수 없이 그 분포의 폭도 확장되어 왔습니다. 21세기에도 여전히 행복한 삶과 철학은 그 정답을 찾기가 그리스 신화에서 테세우스 왕자가 미궁을 빠져나오기 위해 실타래를 풀면서 통로를 찾았던 것처럼 어려운 미로의 과정일 수 있습니다. 철학자를 비롯해 많은 선인들은 오랜 세월 동안 행복의 의미가 무엇인가에 대해 그 해답을 찾으려고 많은 노력을 기울여 왔지만, 속 시원하게 갈증을 해소한 것은 아닙니다. 그렇기 때문에 인류가 지금껏 살아온 만큼이나 각양각색의 내용을 담은 행복한 삶과 철학은 여전히 존재합니다.

그런데 행복에 대한 모범정답이 답안지처럼 있다고 한다면, 인간사는 무미건조하고 재미없는 세상이 될 수도 있습니다. 왜냐하면 각양각색의 목소리로 전해 오는 행복의 이미지가 있기 때문에 인간사는 더 살맛나는 세상일 수도 있기 때문입니다.

예나 지금이나 많은 사람들에게 가장 사랑받는 행복관으로 경제적 부가 손꼽히고 있습니다. 21세기 AI(인공지능)시대, 챗GPT 시대에 자본주의 사회는 점점 돈이 그 위력을 발휘하면서 돈 없이는 그 무엇도 할 수 없는 상황으로 변해 가고 있습니다. 즉 돈이 많고 적음의 정도에 따라 인간의 인격이나 가치를 평가하는 세상으로 진행되어 가고 있다는 사실입니다. 현재 시중에 대중들의 인기를 끌고 있는 베스트셀러의 저작도 거의 대부분 돈 버는 이야기로 가득 차 있고, 더욱 일반 사람들에게 돈의 유혹을 부추기고 있습니다. 기존의 많은 사상가들이 정신적 삶에 행복의 무게를 두는 것은 세상 물정을 모르는 낡고 고리타분한 이야기로 치부되고 있는 실정이기도 합니다. 이러한 상황은 미국을 중심으로 하는 자본주의의 독주가 중단되지 않는 한, 계속될 것이라는 전망입니다. 필자는 이러한 돈을 중심으로 하는 자본주의가 지속되는 한, 정신적 가치의 내용을 담은 행복한 삶과 철학은 더욱 소중한 자산을 지닐 것이라 생각합니다. 왜냐하면 다양한 철학자들의 내용을 담은 행복한 삶과 철학에는 현대를 살아가는 우리들이 간접적으로나마 얻을 수 있는 교훈이 많이 내재되어 있기 때문입니다. 현대인들은 물질적인 측면에서 과거보다 부족함이 없지만, 정신적인 측면에서는 한결 병약한 면을 보이고 있습니다. 이런 점에서 바쁘게 일상을 살아가는 현대인에게 철학자들의 행복한 삶과 철학의 메시지는 한번쯤 귀 기울여 볼 필요가 있다고 생각합니다.

필자는 이 책을 다음과 같이 세 개의 장으로 나누어 기존의 철학자들을 중심으로 행복한 삶과 철학의 내용들을 살펴보았습니다.

제1장은 행복은 어디에서 오는가? 라는 표제 아래 현대인의 행복관을 중심으로 고찰했습니다. 즉, 현대인의 행복이란? 행복의 조건

은 무엇일까? 건강한 삶이란? 잘 산다는 것이란? 패러다임을 변화시키는 행복관이란? 인간수명을 연장하는 것이 미래의 행복을 가져다줄까? 인구감소와 사회갈등은 행복을 저해할까? 라는 물음을 중심으로 전개하였습니다.

제2장은 행복한 삶을 위한 철학에세이, 즉 베스트셀러에서 만나는 행복한 삶을 5개의 베스트셀러 저서를 선택하여 경제적 부富의 행복관을 중심으로 살펴보았습니다.

① 『부자 아빠 가난한 아빠』에서 만나는 행복한 삶, ② 『바빌론 부자들의 돈 버는 지혜』에서 만나는 행복한 삶, ③ 『누가 내 치즈를 옮겼을까』에서 만나는 행복한 삶, ④ 『성공하는 사람들의 7가지 습관』에서 만나는 행복한 삶, ⑤ 『맥도날드 그리고 맥도날드화』에서 만나는 행복한 삶의 경제적 행복관을 전개했습니다.

제3장은 서양 철학에서 만나는 행복한 삶과 철학을 15인의 서양 철학자들을 선별하여 살펴보았습니다. 먼저 ① 소크라테스의 행복한 삶과 철학: 행복은 덕과 지식을 잘 일치시킬 때 찾아온다, ② 플라톤의 행복한 삶과 철학: 에로스Eros의 본질을 아는 것이 곧 행복이다, ③ 아리스토텔레스의 행복한 삶과 철학: 잠재적인 능력을 최대한 발휘하는 것이 행복이다, ④ 에피쿠로스의 행복한 삶과 철학: 정신적 쾌락이 진정한 행복이다, ⑤ 스토아학파의 행복한 삶과 철학: 자연법칙에 따르는 삶이 진정한 행복이다, ⑥ 디오게네스의 행복한 삶과 철학: 자연적 삶이 행복이다, ⑦ 베이컨의 행복한 삶과 철학: 행복은 지식과 자연을 정복했을 때 얻는 힘이다, ⑧ 칸트의 행복한 삶과 철학: 행복은 선한 의지善意志에서 나온다, ⑨ 쇼펜하우어의 행복한 삶과 철학: 행복은 맹목적인 삶의 의지이다, ⑩ 니체의 행복한

삶과 철학: 행복은 힘에의 의지이다, ⑪ 벤담의 행복한 삶과 철학: 양적인 쾌락에서 행복을 느낀다, ⑫ 밀의 행복한 삶과 철학: 질적인 쾌락에서 행복을 느낀다. ⑬ 마르크스의 행복한 삶과 철학: 노동하는 삶에서 행복을 찾는다. ⑭ 호네트의 행복한 삶과 철학: 행복한 삶을 가능하게 하는 사회적 조건은 무엇일까? ⑮ 피에르 쌍소의 행복한 삶과 철학: 느리게 사는 삶에서 행복을 찾는 내용들을 살펴보았습니다.

위와 같이 필자는 이 책에서 "**행복한 삶을 위한 철학 에세이**"를 각각 제3장으로 구성하여 살펴보고 있지만, 독자들은 각각의 장들을 순서대로 읽을 필요는 없습니다. 이 책은 각각 독립된 장들로 구성되어 있기에 독자들이 읽기 편한 장부터 펼쳐 보아도 무방할 것입니다.

하지만 이러한 구성의 행복한 삶과 철학이 바람직한 기획인가는 독자들의 판단에 맡기고 비판의 소리에 겸허하게 귀를 기울이겠습니다.

끝으로 이 책의 출판을 흔쾌히 승낙해주신 임동규 사장님과 꼼꼼하게 편집해주신 전정아 편집부장님, 예쁘게 책 디자인을 해주신 임용우 디자이너님께 감사의 말씀을 올립니다.

2024년 3월

궁동 연구실에서

양해림

차 례

제3장 서양 철학에서 만나는 행복한 삶과 철학

제1장

행복은 어디에서 오는가?

제1장

행복은 어디에서 오는가?

1. 현대인의 행복이란?

서양 우화에 이런 이야기가 있습니다. 옛날에 고양이 두 마리가 살았습니다. 어느 날 고양이는 옆에 있는 고양이가 자기의 꼬리를 한사코 물려고 주위를 빙빙 도는 것을 보았습니다.

고양이1: "아니 너는 무엇 때문에 너의 꼬리를 물려고 그렇게 빙빙 돌고 있니."

고양이2: "나는 고양이들에게 제일 중요한 것이 행복이라고 들었어. 그런데 나의 행복은 바로 내 꼬리거든. 그렇기 때문에 나는 내 꼬리를 꽉 잡으려고 애쓰는 거야. 내가 언젠가 그 꼬리를 꽉 잡게 되면 나는 비로소 행복을 성취하는 것이거든."

고양이1: "나도 이 세상일들에 대해 심각하게 생각해 보았어. 그리고 내가 내린 결론도 행복이란 이 세상에서 정말 중요한 것이고, 그 행복이 내 꼬리라는 것도 알았지. 그렇지만 나는 이런 것도 깨달았지. 내가 그것을 잡으려고 애쓰면 애쓸수록 그것은 내게서 저 멀리 달아나지만, 내가 다른 것을 쫓아가면 그건 항상 나를 따라다닌다는 걸 말이야."

위의 이야기에서 행복이란 보이지 않는 것을 계속 쫓아가야 할 대상이 아니라 따라오는 그 무엇입니다. 그래서 행복이란 단지 목적을 설정한다고 하여 단시일 내에 이루어지는 것이 아니라 긴 과정이자 그것의 결과에서 나타난다는 것입니다. 왜냐하면 잘 알지도 못하는 것을 목표로 내세울 수는 없기 때문입니다.[1)] 이런 점에서 사람의 의식이 서서히 일깨워지면서 사라질 때까지도 가장 열심히 찾는 것은 행복이라는 단어일 것입니다. 행복은 우리의 모든 사상의 열쇠이자 신기루일지도 모릅니다. 많은 사람들이 개인적으로 행복을 찾고 도달할 수 없을 때에도 공통적인 분모를 갖고 그 행복을 추구하고자 합니다. 아시다시피 행복은 우리가 살아가는 인간의 생활 목표입니다.

인간은 행복한 삶을 추구하는 사회적 동물입니다. 내가 개인적인 행복한 삶을 추구한다는 것과 사회적 생활을 이루고 산다는 것을 우리 인간의 피할 수 없는 존재방식이라고 믿고 있습니다. 우리 인간은 어떤 나쁜 짓을 행했을 때에도 반드시 행복해지고 싶다고 생각합니다. 염세주의자도 그의 긍지 한가운데는 행복을 느끼며, 쾌락주의자도 쾌락을 행복이라 느끼며, 기독교에서는 사랑을 행복이라 느끼며, 불교에서는 무의식이나 깨달음 속에서 행복을 느끼는 것을 중요한 요소로서 간주합니다. 기독교에서는 행복을 욕심 없고, 거룩한

슬픔을 지니고, 온유한 마음을 가지며, 의롭게 사는 것 등을 말합니다. 불교에서는 행복하고 만족스러운 삶을 결정하는 데에 영적인 성장과 깨달음을 중요시합니다. 달라이 라마는 행복을 "순간적인 쾌락이 아니라 영원하고 지속적인 것"이라 말합니다. "그러한 행복은 삶이 상승하고 추락을 거듭하면서 기분이 끊임없이 동요해도 우리 존재의 굳건한 받침대로 변함없이 존재하는 그러한 행복"[2]이라는 것입니다.

종종 많은 사람들은 인생의 목표가 무엇이냐고 물으면 누구나 행복하게 사는 삶이라고 말합니다. 그러면 사람들이 말하는 행복한 삶이란 구체적으로 무엇을 뜻하는 것일까요?

갓 태어난 아기가 엄마 품에 폭 파묻혀서 엄마의 젖을 빨고 있는 모습, 또래 아이들과 운동장에서 신나게 공놀이를 하며 뛰어노는 어린아이들, 시원한 계곡물 속에서 발을 담근 채 귓속말로 사랑을 속삭이는 젊은 연인들, TV나 공연장에서 유명대중가수들에게 푹 빠져 환호하는 청소년들, 일과 후 프로야구경기장에서 자기가 원하는 팀의 승리를 바라며 환호하고 열광하는 팬들, 직장에서 일찍 귀가한 남편의 저녁상을 차리며 즐거워 콧노래를 흥얼거리는 주부, 주식에 투자하여 많은 돈을 벌어들인 어느 증권회사 직원, 식생활이나 성생활에 만족을 느끼는 일반 사람들. 이들 모두는 일상적인 삶 속에서 일어나는 소박한 행복한 모습들이라고 말해도 좋을 것입니다.

또한 일상적인 평온한 삶이란 이를테면 훌륭한 직업, 적당한 보수, 무쇠 같은 건강, 명랑한 부부관계, 오래도록 기억에 남을 휴가, 유쾌한 친구들, 잘 꾸며놓은 전망과 경치가 좋은 전원주택, 쾌적하고 성능 좋은 고급 자가용, 마음을 편안하게 하고 충성스러운 반려 동물들, 요컨대 흔히 이는 행복이라 여기는 모든 편익들로 이루어진 삶일 것입니다. 위의 평온한 개인의 삶에서 순간적인 기쁨과 안락한 모습들이 교차하는 것이 행복이라 생각할 수 있습니다. 그것이 수동적이건 능동적이건 간에 행복의 모습일 것입니다.

어떤 의미에서 현대 자본주의 사회의 많은 사람들은 국가나 민족을 위하는 커다란 대아大我적인 행복관보다 자기와 가족을 위하는 소박한 개인적 행복관이 더 설득력이 있다고 생각하고 이는 점점 우리의 일상생활을 지배하고 있습니다. 최근에 많은 사람들에게 읽히는 베스트셀러 책도 민족이니 국가니 하는 사회적인 거창한 구호의 행복관보다는 개인의 소박한 행복관에 그 근거를 두고 있기에 더욱 사람들의 관심을 끄는 것인지 모릅니다. 왜냐하면 행복은 먼 곳에 있는 것도, 타인에 의해 객관적으로 설정되는 것도 아니며, 각 개인이 주관적으로 느끼는 심리상태이기 때문입니다. 따라서 똑같은 상황이더라도 어떤 사람에게는 행복한 측면이 되기도 하고 어떤 사람에게는 불행한 모습으로 나타나기도 합니다. 사람들은 자아의 행복을 추구하며 많은 사람들과 함께 사회생활을 이루고 살아가고 있습니다. 사람들은 사회생활을 하는 과정에서 언제나 크고 작은 문제에 부딪칩니다. 어떤 상황 속에서 많은 문제들을 슬기롭게 해결하느냐 해결하지 못하냐의 여부에 따라 우리들의 행 · 불행도 크게 좌우됩니다. 따라서 우리들은 사회생활에서 크고 작게 부딪히는 문제들을 슬기롭게 해결할 수 있는 능력을 갖추어야 합니다.

이런 점에서 많은 사람들이 사회생활을 이루고, 서로의 갈등을 해소하고, 협동의 기풍을 조성하는 것도 행복하고 원만한 사회의 건설을 위한 것이라고 할 수 있습니다. 옛날 농경사회에서는 자기 가족들의 식량을 해결하기 위해 농사만 잘 지으면 되었기 때문에 사람들의 접촉 범위도 한결 좁았고, 갈등이 생기는 것도 평소에 서로 잘 아는 사람들 사이에서 이루어졌기 때문에 마찰이 적었습니다. 그러나 오늘날 우리의 복잡한 상황은 그때와 아주 달라졌습니다.

흔히 행복은 어떠한 구체적인 형태를 지니고 있지 못하다고 말합니다. 행복이라는 개념은 수학의 공식이나 논리학, 과학적 실험과 같이 보편타당한 객관적 사실을 제시하는 것은 더더욱 아닙니다. 행복의 추구에는 공통적인 요소가 없기 때문에 보는 이의 다른 관점에 따라 더더욱 다르게 볼 수 있습니다. 이제껏 많은 사람들은 행복을 추구하는 길에 외적으로는 부귀 · 명예 · 삶 속에서의 향락 · 건강 · 문화 · 과학 · 예술 등을 말하고, 내적으로는 떳떳한 양심 · 덕 · 일 · 이웃 사랑 · 종교 · 위대한 사상과 사업에 종사하는 생활과 같은 것들로 표현합니다. 그러나 외적인 수단을 동원하여 행복을 이루어 낼 수 있는 것도 아니며, 그것을 동원하여 성취했다고 해도 행복을 얻어냈다고 자신 있게 말할 수도 없을 것입니다. 행복은 다의적으로 해석을 내릴 수도 있고 또한 누구나 자신의 관점에서 표현할 수 있기 때문에 더욱 매력적인 개념일지도 모릅니다. 그래서 철학자들을 비롯하여 많은 사람들은 행복이 인생의 궁극적인 목적이라고 말하기도 하고, 그러한 목적을 이루기 위하여 주위의 어려운 난관들을 잘 참고 견디어 낼 때 삶의 진정한 행복을 느낀다고 말합니다. 우리는 이러한 다의적인 행복의 특성을 다음과 같이 살펴볼 수 있을 것입니다.

첫째로 행복 추구가 인간의 피할 수 없는 존재방식이라면, 우리는 행복추구를 당연히 외면할 수 없습니다. 대한민국 헌법 제10조에 "모든 국민은 인간으로서의 존엄과 가치를 가지며, 행복을 추구할 권리를 가진다."고 명시되어 있습니다. 헌법에도 명시되어 있듯이, 행복추구는 실패하는 삶보다 누구나 성공하는 삶이어야 합니다. 따라서 자신이 추구하는 합리적인 행복의 실현이 가능하도록 최선을 다하는 태도가 바람직한 인간상을 위한 필수조건일 것입니다.

둘째, 행복한 사람은 스스로가 자각적이며, 의식적으로 어떠한 목표를 설정하고 보람 있는 삶을 살 수 있게 올바른 생활태도를 추구합니다. 이러한 행복의 추구는 현실적으로 구체적인 삶 속에서의 유토피아를 실현하는 것입니다. 행복이 인간의 궁극적인 목표라고 한다면, 인간이 자기의 능력을 충분히 발휘하여 소망을 이루었을 때 경험하는 만족감일 것입니다.

셋째, 우리가 사회적 집단을 이루고 산다는 것은 개인의 좁은 자아의 껍질을 깨고 타인을 자기의 품으로 끌어안음으로써 더 넓은 대아의 길을 밟는 과정입니다. 왜냐하면 사회생활을 하는 사람들은 서로를 위하는 사랑과 융화 및 화해의 관계를 지속해야 하며, 작은 나에 집착하는 대립과 경쟁보다는 화해와 사랑으로 서로를 감싸 안는 온정이 필요하기 때문입니다. 이러한 행복의 추구가 성공하기 위해서는 보다 합리적 생활 태도가 필요할 것이며, 사회적 존재로서 원만하게 살기 위해서는 대아적 태도, 즉 크고 깊은 사랑의 정서가 요구되고 있습니다. 현대의 복잡한 인간사회가 보다 원만하게 돌아가기 위해서는 크고 깊은 사랑뿐만 아니라 개인의 합리적 생활 태도에서 출발해야 하는 것입니다.

넷째, 행복은 소크라테스나 아리스토텔레스 같은 철학자가 언급하고 있듯이, 이성을 지닌 인간에게만 고유한 경험으로서 단순히 육제적 쾌락이나 환희에 의해 주어지는 만족감과는 다른 것입니다. "무엇을 할 것인가? 어떻게 하는 것이 잘 사는 삶인가? 어떻게 하면 성공할 것인가?" 등의 물음 자체가 삶의 의미와 가치를 발견하는 것이며, 자기의 인생을 의미 있게 그리고 가치 있게 살아 보려는 의식적이며 의지적인 이성적 존재의 욕구활동의 표현인 것입니다.

다섯째, 자본주의 사회가 급속하게 진행되면서 많은 사람들은 경제적 부의 축적을 행복의 가장 좋은 조건이라고 간주합니다. AI인공지능시대, 메타버스 시대에서도 이러한 조짐은 더욱 거세질 것으로 보입니다. 21세기를 일컬어 생명공학의 시대, 메타버스 시대, 정보통신의 시대, 포스트휴먼의 사회, AI 시대 등 수많은 수식어를 붙여가며 외치고 있지만, 그 이면은 거대한 자본의 흐름이 지배하고 있습니다. 앞으로의 미래사회는 돈의 많이 있고 없음의 여부에 따라 새로운 계층이 형성될 것이라고 예측합니다. 경제적인 부의 축적은 예나 지금이나 중요한 요소임에는 틀림없지만, 돈이라는 수단이 모든 것을 정당화시킬 수는 없기 때문입니다.

2. 행복의 조건은 무엇일까?

네팔산지의 협곡에 위치해 있는 부탄은 국가 면적이 한반도의 17.4%에 불과하고 국민소득이 3천 달러가량의 작은 산악국가입니다. 그런데 행복지수는 월등히 높다고 합니다. 주민의 97%가 자신의 삶을 행복하다고 생각한다고 합니다. 이러한 부탄에 동화 같은 이야기가 내려져 오고 있습니다. 정부는 첫눈이 내리는 날을 공휴일로 지정하고, 첫 눈이 온 날, 집 밖에 눈사람이 서 있다면, 집주인은 눈사람을 만든 사람에게 식사를 대접해야 합니다. 첫 눈에 감사할 줄 아는 배려의 마음씨가 있어야 한다는 것입니다. 국민소득은 현저하게 낮을지라도 행복을 느끼며 살아가는 부탄 사람들에게 우리는 행복의 조건을 배울 필요가 있지 않을까요? 다른 나라들이 국민총생산GNP을 외칠 때 부탄은 GNH국민의 행복지수, Gross National Happiness를 이야기합니다. 부탄은 세계 최초로 GNP가 아니라 '국민행복지수'를 국가 발전의 주요 지표로 삼겠다고 선언했습니다. 이미 1인당 국민소득이 인도를 큰 차이로 추월했고, 정치체제의 질적인 측면도 꾸준히 상승해 현재는 인도나 중국보다 훨씬 높은 순위를 기록하고 있습니다. 무엇보다 그들의 행복은 산업발전보다 자연환경을 우선하고, 근대화를 급히 서두르지 않는다는 데 있습니다. 우리보다 경제적으로 상당히 어려운 환경에 있는 대부분의 개발도상국들이 행복 순위에서 이미 앞서가고 있습니다.

그러면 우리는 왜 많은 사람들이 스스로 행복하지 못하다고 생각할까요? 행복의 조건은 무엇일까요? 인간이 삶을 영위하면서 자연스럽게 추구하는 것은 몸과 마음의 평안Ataraxia입니다. 기원전 4세기 말 그리스 헬레니즘시대의 스토아학파나 에피쿠로스학파들은 이러한 마음의 평온한 상태를 추상적으로나마 "행복"이라 불러 왔습니다.

고대든 현대든 인간의 삶의 문제와 관련하여 진지한 성찰을 숙고한다면, 행복의 문제를 비켜갈 수 없습니다. 그러나 현대사회에서 행복은 매우 복잡하고 다양한 조건을 요구합니다. 우선 요구되는 것은 정치 · 사회 · 경제적 조건입니다. 한 국가가 기본적인 정치체제의 구성과 정책이 제대로 선행되지 않는다면, 개인들은 전 방위적으로 사회적 갈등에 휩싸일 위험이 다분히 있습니다.

미국 하버드대 총장을 20여 년간 역임했던 데릭 보크Derek Bok는 『행복국가를 정치하라』(2011)에서 국민들의 행복을 증진시킬 수 있는 정책 방안을 제시한 적이 있습니다. 데릭 보크는 이를 위해 먼저 행복을 결정하는 여섯 가지 요인으로 **결혼, 인간관계, 직장, 건강 상태, 종교, 정부의 질**을 꼽았습니다. 그는 "행복의 성공적인 추구는 단순히 자기실현적인 효과를 불러오는 것을 넘어서 보다 낫고, 보다 강하고, 보다 배려하는 사회를 만드는 데 기여해야 한다"고 말합니다. 그렇기 때문에 행복은 정부가 추구하기에 매우 적합한 목표라는 것입니다.

만약 경제성장으로 번영을 누리던 시기가 오래됐음에도 불구하고 행복은 크게 높아지지 않았다면, 공무원들이 국가 발전의 측정 수단으로서 경제성장의 중요성에 그토록 매달리는 것이 과연 의미가 있는 것인지 생각해보아야 할 것입니다. 만일 사람들이 지속적인 만족을 주는 것이 무엇인지에 대해 판단력이 없다면, 보수주의자들이 국민의 복지를 증진시킨다는 명분하에 자유시장과 소비자 선택의 미덕을 계속 찬양해도 되는지 생각해 보아야 합니다. 만약 가난한 사람들이 소득 불평등의 확대에 크게 개의치 않는다면, 진보주의자들이 소득분배 문제에 대해 그토록 우려하면서 누진세 실시 및 환자, 빈민자, 실업자 등을 구제하기 위한 값비싼 지원책을 정부에 강력히 요구해도 되는 것인지 생각해보아야 합니다.

유럽의 선진국가들 사이에서 전체적인 행복 수준이 차이 나는 이유는 이 요인들의 결합효과가 있기 때문입니다. 안전한 노후 보장을 위한 연금 제도의 개선, 정신질환 · 수면장애 · 만성통증 등 국민 정신건강 치료의 강화, 적극적 여가활동 참여의 장려, 결혼 장려와 가정생활의 안정성 제고 등이 그것일 것입니다.

3. 건강한 삶이란?

러시아의 작가 투르게네프I.S. Turgenev는 행복은 건강과 같은 것이라고 말합니다. 이는 옛날이나 지금이나 건강을 잃으면 아무 것도 할 수 없기 때문일 것입니다. 우리가 흔히 건강에 대해 전혀 의식하지 않을 때 정말로 건강한 것처럼, 행복에 대해서도 전혀 의식하지 않을 때 진정한 행복이 있는지는 모릅니다. 요즘 우리사회에서 흔히 "술은 마시기 위한 것이 아니라 취하기 위해 술을 마신다"고 말합니다. 사람이 술을 마시는 것이 아니라 술이 사람을 마신다는 역설적인 말도 생겨났습니다. 항간에는 술 소비량이 세계 1위라는 매스컴의 보도도 심심치 않게 장식하고 있고, 40대 이후의 폐암환자와 사망률도 세계에서 제일 높다는 보도를 자주 접합니다. 이런 점에서 우리가 건강을 돌보지 않으면 언제 어느 때 위험의 신호가 우리의 몸에 전송될지 모릅니다. 그래서 건강이 행복의 제1조건이라는 말은 전혀 과장된 말이 아니게 되었습니다. 건강을 잃으면, 우리가 하고자 하는 열의 · 흥미 · 취미 · 공부 등 모든 것들을 잃기 때문입니다. 철학자 러셀은 취미와 욕망이 근원이 되려면 반드시 건강과 조화를 이루어야 하며, 이는 우리가 사랑하는 가족의 애정과 모순되지 않아야 한다고 말합니다. 술을 좋아하는 사람과 대식가는 비록 그것들이 사회적 관계성은 별로 없다고 하더라도 자기의 몸을 존중해야 한다는 관점에서 볼 때 신중하게 처신해야 합니다. 그들이 한순간의 쾌락을 위해 탐닉한 대가로서 건강을 해치고 단지 몇 분간의 쾌감으로 많은 시간의 비참한 현실이 주어질 수도 있기 때문입니다. 개개인의 욕망이 비참함을 불러일으키지 않으려면 그 욕망을 가두는 테두리가 필요합니다. 이는 일반적인 사람들이 갖고 있는 욕망의 전형적인 한 실례입니다. 이것은 추구하고자 하는 것이 어떠한 대상에 대한 일방적 쾌감이 아니라 순간적으로 망각하고 있다는 점입니다.

베이컨Francis Bacon은 그의 수필집에서, 식사 · 수면 · 운동시간에 마음이 자유롭고 기분이 유쾌하다는 것은 장수를 위한 가장 좋은 교훈이라 말합니다. 감정적인 생각을 갖고 말하는 질투 · 불안한 공포심 · 속을 태우는 분노 · 과도한 기쁨과 즐거움 · 남모르는 슬픔 따위를 피해야 한다는 것입니다. 사람들이 품어야 할 것은 그리스 신화의 판도라의 상자처럼 식지 않는 희망이며, 단순한 기쁨보다는 명랑한 기분, 과도한 즐거움보다는 변화 있는 즐거움, 경이와 감탄, 신기한 것 등을 간직하는 것입니다. 사람들은 연구대상으로서 마음을 훌륭하게 하는 진기한 대상물로 충만시키는 역사 이야기, 자연의 관찰에 관한 것들을 간직해야 한다고 말합니다.

우리들은 질병에 걸렸을 때 건강에 주의하고, 건강할 때 주로 운동을 해야 합니다. 왜냐하면 건강할 때 신체의 저항력을 단련해 두는 사람은 대부분 심한 병에 걸리지 않았다면, 음식과 간호만으로 완쾌될 수 있기 때문입니다. 먼저 일상적으로 육체적 운동을 습관화하는 것이 필요하다는 것은 전문가들의 조언이 아니더라도 대부분의 사람들은 이미 알고 있습니다. 그러나 바쁘게 돌아가는 현대인에게 매일 일정한 시간을 쪼개서 규칙적인 운동을 하는 것이 쉬운 일은 아닙니다. 일반 사람들은 꾸준히 운동을 하였을 때, 잔병치레가 사라지고 큰 병도 줄어들 수 있을 것입니다.

세계보건기구WHO는 건강하기 위해서 일주일에 최소한 600대사 활동량MET-minute을 활동해야 한다고 권고하고 있습니다. 이는 일주일에 빨리 걷기 150분이나 달리기 75분과 동일한 활동량입니다. 이를테면 우리가 매일 30분에 주 5회 정도 운동하는 것에 해당한다고 합니다. 이보다 5배는 더 움직여야 만성질환발병률이 낮아진다는 연구결과도 발표되었습니다. 결국에는 우리의 활동량이 많으면 많을수록 질병에 걸릴 확률이 줄어든다는 것입니다. 또한 전문의들은 정신적 스트레스 역시도 면역력에 영향을 준다고 합니다. 어떤 사고나 과로, 상실 등의 정신적 스트레스는 림프세포의 수를 줄이고 활동성에 영향을 미친다고 합니다. 아울러 숙면을 충분히 취하는 사람과 그렇지 못한 사람에게 면역세포의 수가 다르다는 것입니다. 스트레스 자체가 우리의 삶에 미치는 영향은 실로 막대할 수 있다는 것입니다.

어느 정신 의학 스트레스 전문가는 행복에 대해 두 개의 원리가 있다고 말합니다.

첫째, 사소한 것에 목숨을 걸지 말 것,

둘째, 모든 것은 "사소한 것"이라는 사실입니다.

이런 전문기관이나 전문의들의 조언을 받아들여 좋은 기분과 건강한 삶을 유지한다면 우리는 그렇게 많은 에너지를 발산하지 않아도 자연스럽게 행복을 느낄 수 있습니다. 일단 새로운 수준의 육체에 눈뜨게 되면 감정 · 정신 · 영혼 등도 새로운 수준으로 눈이 열리는 것입니다. 건강은 우리를 행복한 감정으로 이끌어 줄 뿐만 아니라 삶의 균형을 유지시켜 줍니다. 따라서 건강은 이상적인 체중을 유지시켜 주며, 적당하게 영향관리를 하게 하고, 체계적인 운동을 유지하고, 스트레스를 줄이고, 삶을 즐기는 태도를 갖으며, 수명연장의 방법을 배우고, 고통에서 고차원적인 자유를 얻었을 때, 행복한 삶을 위한 터전이 됩니다.

따라서 우리가 일상적인 삶 속에서 건강은 매우 중요하며 행복의 한 요소를 이루고 있습니다. 건강은 사람들을 균형 잡힌 삶을 살게 하고, 부유해지도록 에너지를 제공하기도 하며, 사랑을 주고받게 하고, 정신적 사회적 영적靈的 성장을 강화시켜 주기도 합니다. 미국의 카운슬러이자 대표적인 저술가인 잭 캔필드와 마크 빅터 한세는 『꿈을 도둑맞은 사람들에게』(2017)라는 저서에서 행복의 조건을 건강에서 찾고 건강의 소중함에 대해서 말하고 있습니다. 규칙적인 운동을 하면 다음과 같은 장점이 있다고 합니다. 한번 새겨 들어봅시다.

1. 기분이 좋다.
2. 생각이 잘된다.
3. 일을 더 잘한다.
4. 심리적으로 고양된다.
5. 심장박동수가 줄어들고 혈압이 낮아진다.
6. 콜레스테롤 수치가 떨어진다.
7. 고밀도 지질 단백질이 늘어난다.
8. 수명이 길어진다.
9. 인내심이 커진다.
10. 긴장 · 우울 · 걱정 · 그리고 다른 스트레스 증상들이 줄어든다.

11. 자신감이 생긴다.
12. 그러나 과도한 운동은 피해야 한다.
13. 운동 이후 과식하지 말아야 한다.

또한 운동을 시작하거나 하고 나서 다음과 같은 확신을 갖고 있어야 한다고 합니다.

1. 나는 내 건강에 책임을 진다.
2. 내 일상의 습관이 건강을 만든다.
3. 내 몸과 마음, 그리고 영혼은 활력이 넘치며 건강하다.
4. 나는 정말로 건강하며 일생 동안 건강을 유지할 것이다.
5. 나는 생명력을 느끼며 다른 사람들도 그렇게 느끼도록 돕는다.[3)]

이렇듯 건강은 행복의 제1순위로 올려놓아도 지나침이 없다고 하겠습니다. 건강한 육체가 있어야 행복도 건강하게 충만할 수 있기 때문입니다. 이러한 건강의 소중함을 많은 사람들은 알고 있지만, 그것을 실천하지 않으면 아무 소용이 없습니다. 각종 매체에서 이미 오래전부터 담배 끊기 캠페인을 벌여 공공장소에 금연구역을 공론화시켰습니다. 담배의 피해사례들을 연예인, 의사, 스포츠인들을 동원하여 건강회복 운동에 나선 바 있습니다. 이는 국민 건강회복차원에서 바람직한 운동이었고 공적인 행정절차였다고 생각합니다. 왜냐하면 건강은 우리가 행복한 삶을 위해 꼭 필요한 요소 중 하나이기 때문입니다.

4. 잘 산다는 것이란?

우리가 인생을 살아가는 데 있어서 가장 중요하면서도 쉽게 해결하기 어려운 문제 중의 하나는 "어떻게 잘 살 수 있을까" 하는 것입니다. 역사적으로 많은 선인들은 이 문제를 갖고 많은 고민을 하고 나름대로의 처방법을 내놓았으나 그리 속 시원한 답변을 제시한 것도 아닙니다. 왜냐하면 그들은 대부분 청빈한 삶의 윤리적 문제에 한정하여 이야기하고 있는데, 현대에도 청빈하고 깨끗한 삶의 윤리적 문제를 지킨다고 하여 현실적으로 부딪히는 삶의 문제를 속 시원하게 해결될 수 있는 것은 더더욱 아니기 때문입니다. 우리는 물론 누구나 잘살기를 간절히 바랍니다. 어느 누구도 경제적 형편이나 생활고에 항상 찌들려 못사는 삶을 원하지 않습니다. 소크라테스를 비롯한 고대의 많은 철학자들도 삶의 문제는 "잘 사는 것"이었습니다. 이는 동서고금을 통해 마찬가지의 고민거리였습니다.

우리 모두는 잘살기를 바라지, 못사는 삶을 바라는 사람은 이 지구상에서 아무도 없을 것입니다. 그러면 도대체 "잘 산다는 것"은 무엇을 뜻하는 것입니까? 지금도 많은 사람들은 삶에서 육체적 쾌락을 누리고 많은 재산을 모으고 권력과 명예를 얻으면 잘사는 것이라고 합니다. 행복 내지 잘 사는 것이라는 의미에서 좋은 삶이나 훌륭한 삶은 무엇일까요? 이러한 물음을 진지하게 물어도 현대의 관점에서 무엇이 진정한 행복이고 훌륭한 삶인가의 해답은 쉽게 떠오르지 않습니다. 전통적으로 철학자들의 도덕적이고 윤리적인 물음에 대해 현대인들은 고리타분한 물음으로 치부하기도 합니다. 왜냐하면 고전적인 윤리의 행복관이 현대감각에 맞지 않는 행복의 의미를 가져다 줄 수도 있으며, 디지털정보화시대, 포스트휴먼시대, 트랜스휴먼, AI 시대가 시사해 주고 있듯이, 현대사회는 절대적인 가치를 원하는 것이 아니라 다원화 · 상대화 · 최첨단 기계화를 인정하고 그러한 경향으로 더욱 치달아가고 있기 때문이기도 합니다. 그러나 이런 시대일수록 행복을 새롭게 세우는 작업이 점점 필요한 시점으로 다가오고 있습니다.

21세기 AI 시대의 현대인은 잘 사는 것이 물질적인 만족에 한정되어 있지 않을 뿐만 아니라 자기 소질을 개발하거나 자기의 적성을 열심히 찾는 것까지 포함합니다. 또한 많은 사람들은 여가시간을 이용하여 문화와 예술을 즐길 수 있기를 원하고 있습니다. 그래서 21세기의 인간을 가리켜 호모 루덴스오락적 인간라고도 말합니다. 대부분 많은 사람들은 평생 동안 놀고먹고 지냈으면 좋겠다는 희망을 한번쯤 해보았을 것입니다. 그것이 진정한 행복한 삶처럼 보일 수도 있기 때문입니다. 그러나 희망 사항대로 그러한 행복을 이루어 낸 사람도 별로 없을 뿐만 아니라, 만약 그러한 소망이 이루어진다고 하더라도 무료한 시간을 어떻게 보내느냐가 고민거리로 다가올 수도 있습니다. 그것이 인간의 진정한 행복일 수는 없기 때문입니다. 현재는 주 5일제가 시행되면서, 여가 시간이 아주 많아짐에 따라 웃고 즐기는 문화, 즉 TV · 영화 · 애니메이션 · 컴퓨터 게임 · 연극 · 대중 음악회 등 오락 및 대중의 문화는 점점 더 커다란 비중을 차지하고 있습니다.

무슨 일을 하든지 간에 좋은 것을 추구하려는 것은 인간의 속성일지 모릅니다. 아무리 추악한 인간이라 할지라도 애초부터 나쁜 짓을 의도적으로 마음먹은 사람은 없습니다. 우리가 추구하는 좋은 것이란 때때로 행위의 목표이기도 하지만, 대부분의 경우는 또 다른 목표를 위한 수단이기도 합니다.

예를 들어 고등학교 3학년 수험생에게 왜 새벽 일찍 일어나 아침마다 버스를 타고 학교에 가느냐고 묻는다면 공부하러 가기 위해서라고 답할 것입니다.

질문자: "그렇다면 왜 학생은 공부를 합니까?"

학생: "졸업장과 대학교에 가기 위해서입니다."

질문자: "왜 대학교에 가려고 합니까?"

학생: "대학교를 나와야 좀 더 나은 취직자리라도 얻을 수 있으니까요?"

질문자: "대학교 가서 취직하는 것이 인생의 목적입니까?"

학생: "물론 아니죠. 그러나 대학교에 가야 졸업 후에 사회에서 대접을 받고, 좀 더 좋은 조건의 배우자감도 찾을 수 있으니까요?"

질문자: "그렇다면 왜 대접받기를 원하고 좋은 배우자감을 찾으려고 하죠?"

학생: "우리사회가 대학교를 선호하고 또한 더 좋은 대학교를 나와야 상류사회를 가기 위한 발판이 마련되며, 대학교를 통해 그러한 좋은 배우자감을 찾을 수 있으니까요."

질문자: "그러면 사람들은 왜 이러한 것들을 추구한다고 생각하죠?"

학생: "그거야 잘 먹고 잘 살려고 하는 것, 행복해지려고 하는 것 때문이 아니겠어요."

인생에는 궁극적인 목적이 있고 그 목표에 이르려고 하는 것이 바람직한 삶이라고 생각하는 사람들 중에는 행복이 바로 그 목표라고 주장하기도 합니다. 행복은 우리 인생의 목표이고 이것을 위해 대부분의 인간 활동은 단지 긴 사슬처럼 엮인 수단에 불과하다고 말합니다. 무엇보다 인간의 삶도 그렇게 만들어진 것인지도 모르며, 전적으로 행복이라는 하나의 목적을 향해 항해하고 있는 것인지도 모릅니다. 결국 행복은 인간의 궁극적인 목적이 되어야 하며, 다른 어떤 것의 수단이 될 수는 없습니다.

5. 패러다임을 변화시키는 행복관이란?

최근 들어 우리의 관심을 끄는 공통적인 요소 중의 하나는 패러다임Paradigm의 전환이니 사고의 변화니 하는 용어들입니다. 물론 이러한 말들은 요즘 들어 갑자기 생겨난 것은 아닙니다. 패러다임이란 용어는 오랜 세월을 거쳐 많은 사람들에게 회자되어 왔기 때문에 이미 우리에게 익숙한 말이 되어 있습니다. 그러나 많은 사람들은 아직 패러다임의 정확한 뜻과 사용에 있어서 혼란을 겪고 있는 듯합니다. 그러면 패러다임이란 무엇일까요? 일찍이 영국의 정치경제학자 아담 스미스Adam Smith, 1723~1790는 패러다임에 대해 다음과 같이 말한 바 있습니다.

> "패러다임이란 마치 물고기가 물속에서 살아가듯이 우리가 세상을 받아들이는 방식입니다. 그리고 패러다임은 우리가 세상을 설명하고 그 움직임과 변화를 예견할 수 있도록 도와줍니다. 따라서 우리가 하나의 패러다임을 가지고 살고 있을 때에는 다른 패러다임을 가지고 생각하기란 매우 어렵습니다."

21세기 현대인이 살아가는 패러다임도 스미스가 얘기한 것처럼,

"모델 · 패턴 · 가치 · 사고방식 · 시각 · 고정관념 · 기본형 · 표준형" 등을 의미하는 것으로 사용되고 있습니다. 패러다임이란 부정적이거나 긍정적인 방향으로 나아가는 것에 상관이 없거나, 그것이 일시적인 것이든 지속적인 것이든 간에 우리가 세상을 보는 시각을 한 가지의 방식에서 다른 방향의 방식으로 바꾸어 놓는 것을 뜻하기도 합니다. 이렇듯 패러다임이란 "세상을 바라보는 시각이자 생각의 틀"이라는 점입니다.

이러한 패러다임이라는 개념은 그리스어의 "파라데이그마"에서 유래하였습니다. 이 용어는 플라톤이나 아리스토텔레스의 논리학이나 수사학에서도 사용하고 있으며, 과학철학자이자 과학사가였던 토마스 쿤Thomas Kuhn, 1922~1996의 대표 저서 『과학혁명의 구조』(1962)에 언급되어 널리 사용되있습니다. 쿤은 과학연구의 분야에서 지금까지 일어난 거의 대부분의 중요한 업적들이 연구자들의 이제까지 행하던 방식의 전통, 낡은 사고방식, 그리고 낡은 패러다임을 파괴하고 새로운 패러다임으로 실현될 수 있음을 보여 주었습니다. 그는 이 책에서 천문학 · 물리학 · 역학 · 화학 · 생물학 등 자연과학 분야의 역사적 자료를 자세하게 분석하였습니다. 여기서 그는 과학발전의 역사를 [과학혁명(1) → 새로운 패러다임을 갖는 정상과학의 전통 수립 → 변칙성 및 정상과학 위기의 출현 → 과학혁명(2) → 혁명을 통한 진보]의 변화의 과정으로 해석하고 과학연구에 있어서 과학혁명과 정상과학의 상호보완적 기능을 강조합

토마스 쿤

니다.

과학의 어느 한 분야 혹은 여러 분야에서의 급격한 변혁을 과학혁명scientific revolution이라 일컫습니다. 과학혁명이란 불과 200년 사이에 과학의 내용과 활동에서 일어난 근본적인 변화를 가리킵니다.

> "과학혁명은 유럽사상 기독교의 출현 이래 어떠한 사건보다도 훨씬 더 중요한 일이었습니다. 과학혁명에 비하면 종교개혁이나 르네상스는 중세 기독교 사회 내의 단순한 에피소드에 지나지 않는 작은 변화였습니다. 근대사회와 근대사상의 진정한 기원으로서 여태까지 통상적으로 사용된 유럽사의 시대구분, 즉 종교개혁이나 르네상스의 분수령은 이제 그 의미를 상실하게 되었고 오히려 거추장스럽게 되었습니다."

하지만 과학혁명이라는 말은 흔히 이보다 훨씬 좁은 의미로 사용됩니다. 역사상 하나의 특수한 현상, 즉 16~17세기에 유럽에서 일어난 과학의 여러 분야에 걸친 급격한 변화를 과학혁명이라 일컫습니다. 16~17세기의 과학혁명이 일어나는 동안에 **천문학 · 역학 · 생리학** 등의 과학 분야의 내용에 획기적인 전환이 있었고 다른 여러 분야에서도 새로운 조류들을 찾아볼 수 있었습니다. 또한 과학혁명은 과학의 내용에만 국한되지 않고 과학의 방법, 목적 및 사회적 위치에도 큰 변화가 있었으며, 이 밖에도 많은 사상적, 사회적 변화를 그 배경의 결과로서 수반했습니다. 이 당시 과학혁명은 크게 두 가지 형태로 진행되었습니다. 하나는 천문학 · 역학 · 고전물리학 분야에서 일어난 개념의 혁신이고, 다른 하나는 베이컨 과학의 출현입니다. 베이컨의 과학이란 열 · 빛 · 소리 · 전기 · 자기 · 화학 등의 연구분야에 있어서 실험을 중시하는 과학을 가리킵니다.

이러한 패러다임은 원숙한 과학자 집단에 의해 수용되는 동시에 방법론이라든지 문제영역과 그것을 해결하는 기준의 원천이 되기도 합니다. 새로운 패러다임의 수용은 그에 해당되는 과학을 다시 정의定義하는 것으로 요구되기도 하고 낡은 문제들은 다른 과학에 이전하거나 비과학적인 것으로 판명나기도 합니다. 또한 그 이전에는 존재하지도 않았거나 중요하게 여기지 않던 문제들이 새로운 패러다임의 출현으로 다시 각광을 받아 과학적 연구의 원형이 되기도 합니다.

우리가 흔히 잘 알고 있는 위대한 위인들은 사고의 전환이나 패러다임을 시도하여 기존에 당연시 여기던 생각들을 뒤바꿔서 자기의 입장으로 새롭게 설정하였습니다. 그래서 후세에 낳은 칭송을 받거나 위대한 과학적 발견이나 더욱 더 획기적인 사고로 전환하였습니다. 예를 들어 역사적으로도 코페르니쿠스를 비롯하여, 뉴턴, 갈릴레이, 미켈란젤로, 아인슈타인, 하이젠베르크과 같은 과학자들이나 소크라테스, 플라톤, 아리스토텔레스, 아우구스티누스, 칸트, 니체, 헤겔, 마르크스, 하버마스, 들뢰즈, 라캉, 푸코와 같은 철학자들, 카네기, 빌게이츠, 손정의, 레이 크록 같은 돈을 많이 번 사업가들은 사고의 변화를 일대 혁신하여 위대한 과학자, 사상가, 기업가가 된 인물들로 널리 알려져 있습니다.

고대 이집트의 천문학자인 프톨레마이오스Klaudios Ptolemaios의 천동설은 1500년 동안이나 챔피언 벨트를 유지해 왔습니다. 천동설의 패러다임은 그만큼 여러 세기 동안 강력한 힘을 갖고 있었습니다. 그는 지구를 우주의 중심이라고 보고 태양과 달 · 별 등이 모두

서로 다른 궤도를 가지고 지구 주위를 돈다고 생각했습니다. 그 당시 1500년경의 과학은 그리스의 과학, 아리스토텔레스의 전체적인 기초에 기반을 두고 프톨레마이오스의 천문학, 갈레노스의 생리학, 유클리드의 기하학 등으로 보완된 내용들이었습니다.

코페르니쿠스

여러 세기 동안 지구가 태양계의 중심이라 믿었으나 코페르니쿠스Nicolaus Copernicus, 1473~1543는 태양이 우주의 중심이라는 혁명적 형태를 주장함으로써 새로운 패러다임의 전환을 가져왔습니다. 그로 인해 많은 저항과 박해를 받고 처형당했습니다만, 모든 것을 다르게 해석하는 획기적인 사고의 전환을 가져다주었습니다.

근대의 자연과학은 **관찰 · 실험 · 검증 · 재생**이라는 특징을 지니는데, 그 이전의 고대와 중세시대에는 이러한 특성이 없었습니다. 자연과학은 근대인의 독창적인 산물입니다. 철학자 베이컨Francis Bacon, 1561~1626의 **"아는 것이 힘이다"**라는 유명한 문구는 자연과학을 발전시키는 동력으로 작용하였습니다. 자연과학이 없었던 고대와 중세에서 인간은 자연에 순응하고 복종할 수밖에 없었기 때문에 자연의 노예였지만, 근대에 와서는 자연과학을 활용하여 인간이 자연을 이용하고 정복하게 되면서 자연의 주인이 되고자 했습니다. 자연과학은 인간의 사변적이고 추상적인 사고를 귀납적인 경험적 사고로 전환하였으며 이것은 산업혁명을 일으켰습니다. 산업혁명은 농경사회를 산업사회로 전환시키면서 문명의 대大전환점을 이루어 놓았습니다. 근대과학자들은 코페르니쿠스의 지동설, 케플러의 유성 운동의 법칙, 갈릴레오의 만원경, 뉴턴의 만유인력의 법칙들을 발명했습니다. 앞서 얘기했듯이, 코페르니쿠스는 프톨레마이오스의 천동설을 뒤엎고 **지동설**을 주장하였습니다.

> "지구는 구형球形이고, 하루에 한 번 자전하고, 1년에 한 번 태양의 주위를 공전한다. 그리고 다른 유성들도 태양의 주위를 원형궤도를 그리면서 일정한 속도로 공전하고, 달은 지구의 주위를 돌고 있다."

지동설은 우리가 살아가는 일상생활의 경험 방식도 혁명적으로 바꾸어 놓았습니다. 코페르니쿠스는 사람들에게 스스로 중심 밖에 있는 것을 상상하고 전적으로 새로운 시각에서 우주를 관찰할 것을 북돋았습니다. 그래서 그의 이론은 아주 새로운 시각에서 세계와 인류를 바라볼 수 있는 능력을 요구했습니다. 인간은 단순히 타자他者가 아닌 주체로서 우주와 자신을 전적으로 새로운 관점에서 바라보아야 했습니다. 이 반성적 거리두기와 시각의 전복은 후에 칸트가 그의 인식론적 입장에서 "**코페르니쿠스적 전회**Copernican revolution"라고 부르기도 했습니다.

프톨레마이오스는 천체의 운동을 단순히 경험적인 사실로 받아들였지만, 뉴턴Isaac Newton, 1642~1727의 물리학은 18세기 초까지 『자연철학의 수학적 원리』약칭, 프린키피아Principia를 정상패러다임으로 타당하다고 믿었습니다. 『프린키피아』(1687)는 주로 천체역학의 문제를 응용하기 위해 고안된 것, 즉 지상의 운동이나 저항받고 있는 운동을 어떻게 적용할 것인가에 대한 학설이었습니다. 이는 우리가 중·고등학교에서 배운 사과나무 이야기에서 보여주듯이, 그는 운동의 원인을 힘에서 찾았으며, 행성계에서는 운동현상보다 운동의 원인, 즉 힘이 중요하다고 보았습니다. 그 결과로 인해 나온 이론이 만유인력의 법칙입니다. 지상에서 낙하운동을 일으키는 힘과 천상에서 달이 지구를 궤도 운동 하도록 하는 힘이 동일한 것으로 증명되었습니다. 이 책은 우리가 세계와 우주를 보는 관점을 바꾸어 놓았습니다. 그래서 과학자들뿐만 아니라 그 시대의 많은 지성인이라고 하는 사람들은 뉴턴의 학설을 인정했고 그 방법론도 열광적으로 도입했습니다.

그러나 이 패러다임도 부분적이고 불완전하다고 밝혀지면서, 과학계는 더 정확한 예상과 현상설명을 가능하게 해준 1905년에 상대성 이론을 주장했던 아인슈타인Albert Einstein, 1879~1955의 패러다임에 의해 혁명적으로 전환되었습니다. 이와 같이 패러다임의 전환은 문제를 단순히 푸는 방식이 아니라 문제를 내는 방식이 바뀌는 것과 관련이 있습니다.

위에서 언급한 패러다임을 전환했던 위인들의 사례에서 보듯이, 기존의 고정관념에서 벗어나는 일은 패러다임을 이해하는 것에서 시작합니다. 패러다임이란 용어를 유행시킨 과학사가 토마스 쿤의 말처럼, 우리는 패러다임이라는 심리적 필터를 통해 세상을 인식합니다. 우리가 검정색의 패러다임 필터를 끼고 세상을 바라보면 밝은 대낮에도 모든 것이 어두워 보입니다. 즉 태양광선이 온 세상을 밝혀주고 있어도 검은 필터를 통하여 인식되는 세상의 빛깔은 어두컴컴한 색일 뿐입니다.

따라서 패러다임의 행복한 삶과 철학은 "어떤 상황이나 경향을 특정 짓는 틀", 또는 "세계관의 틀"이라는 의미로 사용되고 있는 고정된 개념이 아닌 다의적인 개념으로 이 세상을 바라보아야 한다는 것입니다.

6. 인간수명을 연장하는 것이 미래의 행복을 가져다줄까?

실존철학자 칼 야스퍼스Karl Jaspers, 1883~1969는 미래의 과학기술에 대해 다음과 같이 말한 바 있습니다.

> "기술은 스스로 어떠한 목표를 설정하지 않기 때문에 선과 악을 초월해 있습니다. 기술이 행복과 불행에 어떠한 역할을 나름대로 할 수 있으나 그 자체로는 행복과 불행에 대해 중립적이라는 것입니다."

한스 요나스

생명윤리 철학자인 한스 요나스Hans Jonas, 1903~1993는 저서 『책임의 원칙: 기술문명의 시도』(1979)에서 '공포의 발견술Heuristik der Furcht'이라는 용어를 제시하여 행복한 삶을 위한 중요한 요소로서 간주합니다.

요나스는 지난 20세기의 인간의 미래를 **선善에서 찾기보다는 불행한 예언**을 적용함으로써 앞으로 인간이 처하게 될 운명을 진단하고 있습니다. 곧 다가올 미래에 있을 수 있는 심상치 않은 변화, 즉 생명의 연장, 행동의 통제, 유전자 조작, 장기이식, 인간복제, 위험이 미칠 수 있는 전지구적 범위, 생태계의 위기, 인간의 몰락과정에 대한 징조를 윤리적인 원리들을 밝혀내는 것이었습니다. 우리가 진정한 인간의 존엄성이 무엇인지 알고자 한다면, 어떠한 한계 상황에 처했을 때 가장 잘 체험할 수 있을지도 모릅니다. 다시 말해서 우리는 어떤 위기에 처했을 때, 그 위기에 대해 좀 더 쉽게 접근할 수 있습니다.

앞으로 전개될 AI 시대의 미래에 대한 두려움은 인간의 진정한 모습을 확실하게 파악할 수 있기 위해서 어쩌면 인간의 위협을 더 필요로 할지 모릅니다. 요나스는 "우리에게는 악의 인식이 선의 인식보다 무한히 쉬울 수 있다"고 말합니다. 먼저 악의 인식은 더 직접적이며 설득력도 있고, 의견의 차이에 더 시달리지도 않으며 더욱이 가식적이지도 않습니다. 선은 눈에 띄지 않게 존재하며, 반성을 하지 않으면 인식할 수 없는 데 반하여, 나쁜 것의 단순한 현재는 우리에게 이를 인식하도록 강요합니다. "질병을 보지 않고 건강에 대한 찬가를 읊을 수 없으며, 전쟁의 처참함을 알지 못하면서 평화를 찬양할 수 있는지 심히 회의적입니다. 우리는 원하는 것보다 원하지 않는 것을 훨씬 더 잘 압니다." 요나스는 현재의 반성을 통해 위험을 쉽게 예측하기 어려운 과학기술 사회에서 미래에 대해 인간의 달콤한 행복보다 다가올 불행을 예언함으로써 문제의 소지가 될 수 있는 상황을 사전에 예방하고자 했습니다. 여기서 요나스가 강조하고자 하는 인간의 미래에 대한 위기상황은 앞으로 언제 일어날지 모르는 사건에 대한 예방적 성격을 다분히 띠고 있습니다.

태초부터 인간의 행복은 영원한 삶을 추구하려는 데 그 궁극적인 목적을 두고 있었을까요? 아니면 인간의 행복은 자신이 죽어서도 자신과 똑같은 모습을 한 복제된 인간 및 로봇 인간들로 살아남는 것이 인간의 영원한 삶이라고 생각했을까요? 인간의 행복은 단지 오래 장수하는 양적인 삶에 있을까요 아니면 양적 삶보다 질적인 삶의 단명에 행복의 가치를 두는 것일까요.

인간이 태어남과 동시에 언젠가 죽는다는 것은 만고불변의 이치일 것입니다. 그러나 인간은 죽지 않고 영원히 살기를 희망하는 동물일지도 모릅니다. 우리는 인간의 수명을 생물학적 현상이라고 말하기도 하고 문화적 현상이라고 부르기도 합니다. 앞으로 유전정보가 발달된다면, 유전자 정보에 의해서 수명이 결정된 부분도 있지만 물려받은 유전정보를 기초로 하여 개인이 어떠한 삶의 과정을 거치는가에 따라 수명이라는 복합적 현상이 결정된다고 합니다. 유전정보의 수치로 장수하는 인자를 물려받은 사람이라고 하여 모두 오래 살 수 있는 것은 아니며, 단명하는 인자를 안고 있는 사람이라고 수명이 짧게 끝나는 것도 아닙니다. 이제껏 인간은 늙음이라는 자연현상을 순순히 받아들이는 것을 자연현상의 하나라고 생각해 왔습니다. 인간이 영원히 살 수 있는 불로장생을 바라는 것은 고대 중국의 진시황 이전부터의 오래된 인간적 소망일 것입니다. 인간은 세월이 가면 누구나 늙게 마련이고 죽음을 겸허하게 받아들이는 자연의 섭리를 순순히 따르는 것이라 믿어왔습니다.

그러나 최근에는 생명공학의 비약적인 발전으로 인해 지난 2001년 인간 게놈프로젝트HGP의 연구를 통해서 염기서열상 A아데닌, G구민, T티민, C시토신상에서 장수 유전자를 발견해내고, 체세포의 노화현상을 방지할 수 있는 생화학적인 과정을 구성하여 인간수명은 상당히 연장될 것이라는 보도로 세상을 떠들썩하게 한 적이 있었습니다. 인간은 미래에도 존재하고 싶음, 즉 살아남음에 대한 욕구로 인해서

인간 동일성의 본성이 신체적인 소멸에도 불구하고 어떻게 살아남을 수 있는지 많은 흥미를 갖게 됩니다.

이렇게 과학기술의 발전은 자연이 정해준 인간의 수명대로 살 수 있게 도와주는 것뿐만 아니라 기대수명 자체를 늘리려고 하고 있습니다. 지난 2009년 노벨의학상을 받은 '텔로미어telomere' 연구가 대표적인 사례라 할 수 있습니다. 텔로미어란 그리스어로 끝을 뜻하는 telos와 부위를 뜻하는 meros의 합성어로써 선형염색체의 끝부분을 구성하는 동시에 보호하고 있는 구조를 지칭합니다. 염색체 끝부분의 유전자 조작인 텔로미어는 세포가 분열할 때마다 길이가 짧아집니다. 길이가 계속 짧아져 노화점을 지나게 되면 그때부터 세포가 늙기 시작하고 세포의 노화는 곧 개체의 죽음을 의미합니다. 반대로 텔로미어의 길이가 줄어들지 않으면 세포는 노화하지 않고 영생할 수 있다고 합니다. 이미 의학계에서는 텔로미어의 길이가 짧아지지 않도록 도와주는 약들이 속속 개발되고 있습니다.

이제 과학기술의 급속한 발전으로 인해서 인간은 영원한 삶을 누리는 기술을 곧 맛볼 수 있는 시기가 다가오고 있음을 알리고 있습니다. 오늘날 과학기술의 급속한 발전은 "기술이 곧 우리의 운명"이 되었다는 말을 도처에서 피부로 느낄 수 있습니다. 우리가 최근 들어 가장 빈번하게 TV, 인터넷, 신문매체, SNS, 유튜브 등을 통해 일상적으로 접하고 있는 챗GPT, AI인공지능, 생명공학, 인지과학, 나노공학들도 다름 아닌 기술의 산물인 동시에 우리의 가까운 미래상에 인간의 운명을 좌우하게 되는 그러한 힘으로 점차 다가오고 있습니다. 이제 동물 복제가 시작되었기 때문에 인간복제 기술은 과학기술자들의 마음먹기에 따라 얼마든지 실패율을 좁혀서 그 연구를 현실화시킬 수 있습니다.

그런데 향후 AI시대의 미래는 돈의 힘이 인간의 수명을 좌우할 거대한 공룡으로 대체할 태세를 보이고 있습니다. 최첨단 과학기술의 나아갈 방향이 권력과 부의 불평등을 심화시킨다는 측면이라는 점에서 우려할 요소가 많습니다. 돈 있는 사람이 월등한 능력을 가진 아이를 낳고, 돈이 없는 사람들은 그럴 능력을 갖지 못한다면 우리의 미래사회는 어떤 모습으로 될까요? 최첨단 과학기술로 인해 돈 있는 자들은 그들의 낡은 장기를 새로운 장기로 바꿀 수 있고, 그것도 여러 번에 걸쳐 돈의 위력으로 장기를 대체할 수 있는 세상이 도래할 수 있습니다. 이렇게 해서 돈은 늙고 병드는 자연적 과정을 극복 가능하게 할 것입니다. 수명이 마음대로 조작될 수 있으며, 얼마나 오래 사느냐 하는 것도 어느 정도의 돈을 소유하고 있는가에 따라 밀접한 함수관계가 있게 될 것입니다.

이제껏 인간의 죽음은 가진 자와 못 가진 자의 빈부의 차이에 따라 구분하지도 않았을 뿐더러 재능의 배분에 의해서도 귀족과 평민을 구분하지 않았습니다. 그러나 자연의 권능은 과학기술 앞에 길들여져서 자연은 공평한 균형자로서 황금의 축복으로 바뀌게 되었습니다. 몇 년 전 인기를 끈 〈가타카Gattaca〉라는 영화도 유전자 조작을 통해 경제적으로나 지적인 능력을 갖춘 사람들과 돈이 없어서 자기가 하고 싶은 것을 이루지 못하는 사람들 사이의 지배와 갈등을 그리고 있습니다. 미래사회가 경제적 부의 여부에 따라 유전자 조작을 통해 우성형질을 갖게 된 자는 지배계급이 되고, 돈이 없어서 우성형질을 못 가진 자는 피지배 계급으로 전락할 것이라는 암시는 전혀 근거 없는 이야기가 아니라 현실로 점점 다가오고 있습니다.

바이센테니얼 맨

"200살을 맞은 사나이"라는 뜻의 〈바이센테니얼 맨 Bicentennial Man〉이라는 영화는 영원한 수명을 지닌 로봇이 인간이 되는 과정을 그리고 있습니다. 지난 2005년 미국 뉴저지의 어느 집에 가정 일을 돌보는 로봇이 배달됩니다. 엔지니어가 로봇을 조립하는 과정에서 그의 실수로 마요네즈가 회로에 떨어져 지능과 호기심을 가지게 된 불량 로봇 앤드류가 새로 탄생됩니다.

말과 생각을 할 줄 아는 앤드류는 주인집 아가씨의 말벗이 됩니다. 앤드류는 시간이 흐르면서 주인집의 아가씨를 사랑하는 감정까지 가지게 되지만 단지 로봇이기 때문에 인간과는 다르게 시간의 지배를 초월하고 늙지 않고 고장이 나도 고쳐서 오랫동안 살 수 있다는 것을 깨닫습니다. 앤드류는 무의미한 미래의 영원한 삶보다는 현재의 가치 있는 삶을 원하며, 자신을 죽을 수 있는 존재로 만듭니다. 앤드류는 단순한 수명의 연장은 값어치가 없다는 것을 깨닫고 사랑하는 주인집 아가씨와 같이 죽기를 원합니다. 즉 앤드류는 "영원한 기계로서 살아가기보다 인간으로서 죽기"를 바랍니다. 왜 죽고 싶은가라는 물음에 "인정받고 싶기 때문"이라고 말합니다. 앤드류가 말하는 인정은 자신의 존재를 있는 그대로 인정해 주고, 인간으로서 죽고 싶다는 아주 단순한 진실에 대한 바람입니다. 인간과 함께 살면서 인간의 마음을 가지고 있지만, 인간이 될 수 없는 로봇 앤드류는 어쩌면 영원히 살기를 바라는 인간의 모습을 간접적으로 빗대어 이야기하는 것일지도 모릅니다.

앞으로 인간 수명은 의료기술의 발달로 인해 유전자 조작을 통해서 그 기술을 습득함으로써 노화의 현상을 점점 늦추게 될 것으로 예상합니다. 앞서 예로 든 영화 〈가타카Gattaca〉에는 의사가 새롭게 태어난 아기를 유전자 감식을 통해서 앞으로 살아갈 인간의 수명과 실병에 걸릴 확률, 긴강상대의 퍼센티지까지 정확히 예측하는 장면이 나옵니다. 이러한 이야기는 이제 영화 속에서나 등장하는 먼 미래의 이야기만은 아니게 되었습니다. 하루에 한 갑 이상의 담배를 피우면 폐암을 비롯해 각종 질병에 걸릴 확률이 85%라든가, 태어날 아기가 앞으로 성장할 키가 210㎝ 이상 자라나 운동신경의 유전자가 있어서 뛰어난 농구선수나 배구선수로 될 가능성을 예측하는 것은 그리 어려운 일이 아니게 되었습니다.

앞으로의 유전자연구가 현재의 추세대로 간다면 부모들이 자식의 출생에 앞서서 "유전자 슈퍼마켓 쇼핑"을 통해 부모 자신들의 뜻에 맞추어 자식에게 유전자를 집어넣어 주는 상황이 올지도 모릅니다. 그럴 경우 태어난 아기가 자라면서 운동선수가 되기를 희망한다면, 음악재능만을 투입해 준 부모를 원망하는 기이한 상황이 올 수도 있다는 것입니다. 이는 인간의 운명을 자신의 의지에서가 아니라 부모가 먼저 결정하는 시대가 오고 있기 때문입니다. SNS, TV 등 매스컴의 지난 정보들을 통해 우리가 알고 있듯이, 생명공학, 나노공학, AI 및 게놈 프로젝트의 지도가 거의 밝혀져서 앞으로 인간의 수명을 연장시키고 AIDS · 난치병 · 불치병 · 위암 · 간암의 질병 등도 유전자의 해독을 통해 그리 어렵지 않게 치료할 수 있을 것으로 보입니다. 최근 통계에서 인간의 수명이 제시하고 있듯이, 인간의 수명은 어쩌면 점점 더 연장의 속도를 더해갈 수 있다는 증거들이 나타나고 있습니다.

7. 인구감소와 사회갈등은 행복을 저해할까?

통계청에 따르면 인간의 평균수명은 의료기술의 발달에 힘입어 계속 늘어날 전망입니다. 통계청이 발표한 "장래인구 추계 결과"를 살펴보면, 우리나라 인구는 지난 2013년에 5,000만 명을 돌파해 계속 증가 추세를 보이다가 2024년을 시점으로 점차 감소할 것이라 합니다. 최근 들어 새로 태어나는 아이의 수가 급속하게 줄고 있어 2030년대 초반에는 인구의 증가가 멈출 것이라는 보고가 있습니다. 한국인의 평균수명은 1970년 61.9세(남성 58.7세, 여성 65.6세)에서 이후 45년간 20년이 증가하여 2014년에는 81.5세(남성 78세, 여성 81.8세), 2023년에는 남녀 전체 평균 수명이 83.6세가 되었습니다. 향후 평균수명은 지속적으로 100세 시대를 향해 증가할 것으로 전망하고 있습니다.

우리나라 총인구는 2030년 5,216만 명으로 정점을 찍고 2031년부터 감소하기 시작하여 2050년에는 200만 명 이상 감소하여 4,812만 명이 될 것으로 예상합니다.

이런 현상은 평균 수명 연장 등으로 우리 사회가 고령사회로 접어들었음을 보여주고 있습니다. 인구가 줄어드는 반면에 고령인구가 많아지고 여성이 남성보다 많아지는 여초女超현상이 두드러질 전망입니다. 이와 함께 결혼 연령은 갈수록 올라가고 출산율이 떨어지면서 사회의 고령화가 급속히 진행되고 있습니다. 또한 65세 이상 인구의 비중이 지난 2019년에 14%를 넘어서 본격적인 고령사회로 접어들었습니다. 고령화의 진전으로 노인의 부양부담도 갈수록 커져 가고 있습니다. 이러한 우리나라 노령인구의 증가속도는 선진국보다 훨씬 빠르다고 합니다. 즉 이러한 수치는 선진국에서 나타나는 장수현상의 징후를 따라가고 있다는 것입니다. 일반적으로 고령인구 비율이 7%이면 고령화 사회, 14%이면 고령사회, 20%에 달하면 초고령 사회라고 합니다. 통계청은 우리 사회가 2026년부터 초고령 사회로 본격적으로 진입할 것이라고 합니다.

우리나라의 생산가능연령은 2017년 73.2%에서 2067년에 45.5%로 대폭 줄어들 것이라 합니다. 그만큼 일할 노동력이 줄어들면서 생산노동도 줄어들 것으로 전문가들은 예상합니다.

또한 일할 노동력이 줄어들면서 활발하게 소비하는 연령인구도 경제전체 수요도 줄어드는 악순환이 발생할 것으로 예상합니다. 이에 따라 고령층이 늘어날수록 수요가 증가하는 건강의료 관련산업이 아닌 대부분의 내수산업은 수요감소와 성장성 약화 등을 겪을 가능성이 높다고 합니다.

이렇게 생산연령인구가 감소하고 고령인구가 늘어나면 젊은 세대의 부담비용은 가파르게 늘어날 것으로 보입니다. 통계청 자료에 따르면 100명이 부양해야 할 유소년/노년인구를 의미하는 총부양비는 지난 2017년 36.7명에서 꾸준하게 상승하여 2034년에는 60명을 넘고 2067년에는 120.2명이 될 것으로 예측하고 있습니다. 물론 저출산은 여러 원인이 있을 수 있으나 청년들을 위한 좋은 일자리를 늘리고, 안정적 주거를 보장하며, 모든 청년이 성별, 부모의 사회경제적 지위와 관계없이 동등한 기회를 갖는 사회가 되지 않는 한, 우리 사회는 저출산의 함정에 쉽게 빠져나올 수 없는 한계가 있습니다. 우리 사회 · 경제 · 정치의 구조를 바꾸지 않고, 우리가 부모의 사회경제적 지위와 관계없이 합당한 노력을 하는 모두에게 좋은 일자리, 안정적 주거, 동등한 기회가 보장되는 나라를 만들 수 있어야 하는데 그것이 그렇게 쉽지가 않다는 것에 골치를 앓고 있습니다.

지난 1997년 이후 연령분포를 보면, 경제활동인구에 속하는 40, 50대가 주축을 이루고 있습니다. 한국에서 소위 베이비붐 세대는 이미 은퇴를 했거나 은퇴를 앞두고 있는데 그들의 귀향으로 인한 지역사회의 변화가 다소 요동칠 수 있음을 예측하기도 합니다. 왜냐하면 그들의 귀촌 귀농으로의 이주가 농촌사회에서 적정 인구수를 유지함으로써 농촌의 지속성은 물론 부족한 인적자원의 공백을 메울 수 있는 역할을 기대할 수 있기 때문입니다. 한편으로 귀농 · 귀촌인은 농촌사회에 긍정적인 영향을 미치는 것도 있지만, 다른 한편으로 지역사회 내 갈등과 같은 부정적인 측면을 유발시키는 양면성을 지니고 있습니다. OECD 평균에 비해서 대한민국 사회는 2000년 이후 지속적으로 삶의 만족도(27위)가 낮고 행복도(34위) 역시 최하위권입니다. 그리고 자살률 1위, 합계 출산율 34위라는 부정적 수치를 보이고 있습니다.

우리나라 거의 모든 국민들이 초 · 중 · 고 학창시절부터 대학진학을 위해 쉬지 않고 열심히 공부하고 직장에서 오랜 시간 일을 함에도 불구하고 정작 OECD 회원국 중 우리나라의 행복지수는 10년 넘게 낮은 수치를 보이고 있습니다. 이러한 현상은 위험수위를 치닫는 사회갈등 지수와 관련이 매우 깊습니다. 전국경제인연합회(2016)의 조사에 따르면, OECD 가입국 30개 나라 가운데 한국은 세 번째로 갈등 지수가 높았습니다. 한국은 정치 갈등 4위, 경제 갈등 3위, 사회 갈등 2위로 종합 3위의 심각한 상황입니다.

「세계 행복 보고서 2020」에서도 조사 대상 국가 153개국 중 61위로 행복 점수가 매우 낮고 OECD 가입국 가운데도 현저히 낮습니다. 실제로 '한국 사회갈등 해소 센터'가 한국리서치를 통해 수행한 『2022 제10차 한국인의 공공갈등 의식조사』 보고서에 따르면, 국민 10명 중 9명이 우리 사회 갈등이 매우 심각하다고 응답하고 있습니다. 전문가들뿐만 아니라 일반 국민도 한국의 사회갈등 수준을 '갈등 공화국'으로 부를 만큼 위험수위가 아주 높습니다. 이를테면 이념 갈등 - 계층 갈등(빈부 갈등/노사 갈등) - 젠더 갈등 - 세대 갈등 - 지역 갈등 순으로 갈등 수준이 위험수위를 치닫고 있습니다.

이러한 갈등 및 사회갈등이 단순히 부정적인 것만은 아닐 수 있습니다. 정부나 지자체가 '균형되고 일관성 있는 사회갈등의 조정자'로서 모든 소임을 다한다면, 사회갈등은 오히려 우리 사회 발전의 계기로 작용할 수 있습니다. 왜냐하면 비 온 뒤에 땅이 더 굳는다고 하듯이, 사회갈등이 사회발전의 강력한 에너지로 승화할 수 있기 때문입니다. 실제로 사회갈등을 전면화했을 때 공동체 구성원들이나 이해당사자들이 갈등의 구조적 원인을 새롭게 인식하는 계기가 될 수 있습니다.

사회갈등이 해소되지 않고 장기간 지속될 경우, 갈등 조정자로서, 그리고 갈등 관리자로서 정부 및 지자체에 대한 신뢰는 추락할 수밖에 없을 것입니다. 더욱이 '공익'을 표방하는 정부나 지자체의 정책 집행력조차 그 동력을 상실할 수 있습니다. 사회갈등은 정치, 사회불안을 초래하여 정부 신뢰도를 실추시키고 국가 경제활동을 위축시킵니다. 실제로 장기간 지속된 사회갈등은 경제활동을 위축시켜 결과적으로 GDP를 감소시킨다는 보고가 있습니다. 또한 정부나 지자체가 갈등 관리자로서 정치력을 제대로 발휘하지 못하는 국면에 접어들면, 국가 정책조차 강력한 이익집단의 집단행동에 가로막혀 좌절될 수도 있습니다.

첨예한 사회갈등 상황에서 정부나 지자체가 '갈등 조정의 균형자' 역할을 훌륭하게 수행했을 때 정부에 대한 신뢰도와 행복지수는 크게 오를 수 있습니다. 그뿐만 아니라 공동체 구성원인 시민의식이 고양되고 민주사회로 더욱 성숙해 나갈 수 있습니다. 왜냐하면 사회갈등을 해결하는 과정에서 숙의 민주주의의 근간이라 할 수 있는 소통과 대화, 숙의, 합의가 자리 잡고 상대방의 생각을 이해하며 서로 존중하는 태도를 기를 수 있기 때문이다.

나아가 건강하고 행복한 사회는 불의한 정치 · 사회 현실에 저항할 줄 아는 시민들에 의해서 가능할 것입니다. 그리고 공화국 시민으로서 공동체 문제에 적극적으로 '참여하는 시민'을 아울러 요구하기도 합니다. 이를테면 건강한 사회는 '비판하는 시민'을 필요로 하는데, 이를 위해서는 자신의 안목으로 정치 · 사회 현상의 본질을 꿰

뚫어 보고 행복한 사회란 어디로 가야 하는지 비판적으로 사고하는 시민의 자세가 필요할 것입니다.

제2장

행복한 삶이란

-베스트셀러에서 만나는 행복관-

제2장

행복한 삶이란

-베스트셀러에서 만나는 행복관-

많은 사람들에게 관심을 끄는 것 가운데 경제적으로 부유하게 사는 것, 잘 사는 것, 성공한다는 것들의 의미가 돈을 많이 버는 것으로 바뀌어간 지 이미 오래되었습니다. 이는 부정을 하여도 이 사회는 거대한 자본주의의 흐름 속으로 빠르게 흘러가고 있기 때문입니다. 이러한 현상은 최근 우리 주변에서 베스트셀러라고 부르는 저서 대부분이 경제적 부의 창출, 돈 버는 방식, 경제적 성공에 관한 내용들이 주류를 이루고 있는 것과 맞물려 있습니다. 그러면 베스트셀러에서 말하는 행복한 삶이란 무엇일까요? 우리는 앞장에서 행복은 어디서부터 오는지 살펴보았습니다. 앞서 언급했지만 행복의 요소는 획일화된 일방적인 메시지가 아니라 다양한 목소리로 우리에게 다가옵니다. 또한 행복은 어느 특정한 사상가, 사업가, 과학자, 대중의 인기연예인 등 유명 인물들이 전해주는 것만이 아니라 누구나 자기 나름대로 행복의 척도를 갖고 있다고 말할 수 있습니다.

무엇보다 현재의 자본주의 사회는 경제적 성공 내지 부의 축적,

즉 돈이 없으면 사람구실을 하지 못하는 세상으로 점점 변해가고 있다는 것을 잘 대변해 주고 있습니다. 시중에 널려 있는 많은 베스트셀러라는 저작에서 시각의 전환이니 패러다임의 변화니 하고 말하는 것도 자본이나 재산과 연결된 돈 버는 패러다임의 변화를 언급하고 있습니다. 최근 20대를 대상으로 실시한 조사에서도 돈이 현실적으로 가장 중요하다고 믿으며, 돈이 단지 수단이 아니라 목적이 될 수 있다는 반응입니다. 돈은 기성세대나 신세대 할 것 없이 커다란 위력을 발휘하고 있습니다. 많은 사람들은 돈 많은 부자이면서 행복한 삶을 살기를 바랍니다. 그러나 많은 돈을 벌고 싶다고 하여 부자가 갑자기 우리에게 다가오는 것은 아닙니다. 부모에게 재산을 물려받거나 주식투자 또는 복권 등에 당첨되어 노력을 들이지 않고 쉽게 부를 거머쥔 사람도 더러 있지만, 이러한 상황은 그리 흔한 것이 아닙니다. 대부분의 사람들은 나름대로의 생활방식대로 꾸준히 성실하게 돈을 버는 방식을 추구하려고 합니다. 자본주의 사회에서 돈은 권력이며 힘의 상징으로 표현되고 있습니다. 물론 돈은 나쁜 일에도 쓰이지만 좋은 일에도 사용됩니다. 좋은 사람들의 수중에 들어가면 좋은 일에 사용될 수 있으며 나쁜 사람들 손에 들어가면 그만큼 나쁜 일에 쓰입니다. 20세기 영미철학의 최고의 철학자이며 노벨 문학상을 수상한 러셀Bertrand Russell, 1872~1970은 돈에 대해 다음과 같이 말합니다.

> "전형적인 현대인이 돈으로 바라는 것은 더 많은 돈입니다. 그것도 겉치레와 화려한 생활을 위해서, 지금까지는 동등했던 상대를 뛰어넘기 위한 것입니다. 비록 돈이 사람을 더 위대하게 만들 수 있는 것은

버트란트 러셀

아니지만, 돈이 없으면 위대해지기 어렵습니다. 게다가 돈을 모은 정도의 여부에 따라 두뇌의 척도도 달라집니다. 돈을 많이 벌면 현명한 사람이고 돈을 많이 벌지 못하는 사람은 영리하지 못하다고 말입니다. 이 세상에서 물론 바보로 여겨지고 싶은 사람은 아무도 없습니다. 돈이 어느 정도까지는 행복을 증가시킬 수 있다는 것을 부인하지 않습니다. 그러나 그 한계를 넘으면 그렇지 못합니다."

러셀도 이야기했듯이, 돈을 많이 벌었다고 하여 성공한 사람으로 생각되는 것도 아니고 그 사람의 인격을 높게 평가하는 것도 아닙니다. 자신의 친구와 불우한 이웃에게 나눔의 삶을 살아가고 자신의 권리와 이익에 도움이 되는 삶을 살아갈 때 성공한 삶이라 할 수 있을 것입니다. 제3장에서 살펴볼 아리스토텔레스도 얘기했듯이, 행복은 우리가 추구하는 가장 최종적인 가치입니다. 행복은 우리의 행동을 결정하는 기준이며 다른 모든 목적이 지향하는 목적이 되어야 할 것입니다. 기본적인 의식주를 위해 필요한 수준을 넘어서면 돈은 더 이상 목적이 될 수 없으며 목적을 위한 수단에 지나지 않을 것입니다. 그러나 많은 사람들은 수단을 목적과 혼동하여 돈(수단)을 위한 행복(목적)을 희생할 경우가 종종 있습니다.

우리가 살아가는 데 있어서 행복의 가치가 돈의 많고 적음에 따르는 황금만능의 시각이 바람직한 상황은 아니겠지만, 한번 긍정적인 관점을 갖고 경제적인 성공이라 할 수 있는 돈의 흐름을 추적해 보도록 합시다.

1. 『부자아빠 가난한 아빠』[4]에서 만나는 행복한 삶

『부자아빠 가난한 아빠』(2022)의 공동저자인 로버트 기요사키는 기존의 생각을 바꾸는 데 현대인에게 많은 시사점을 던져 주고 있습니다. 그는 고전적인 의미에서 도덕관이나 윤리적 측면에서의 행복관을 말하지 않고, 현대인에게 실제적으로 현실에 필요한 돈 버는 방법을 구체적으로 제시하고 있습니다. 그는 현대인에게 행복의 척도는 물질적인 부, 돈을 소유하거나 돈 버는 방법의 노하우를 구체적으로 배우는 것이라고 말합니다. 단적으로 말해 그의 메시지는 사람들의 생각을 변화시키는 것입니다.

수입	주인을 위해 일한다
지출	정부를 위해 일한다

기요사키에 의하면, 부자가 아닌 사람들은 자신을 위해서가 아니라 고용주나 정부 · 은행을 위해 일하고 있다고 말합니다. 가난한 사람들은 남을 위해서 일하지만, 부자들은 남을 위해 일하지 않고 자신을 위해서 사업을 한다고 합니다. 또한 가난한 사람들은 지출만 하고 중산층은 부채를 사면서 자산이라고 생각하지만, 부자는 자신을 위해서 자산資産을 산다고 합니다. 예를 들어 부자들은 사치품을 나중에 사지만, 가난한 사람들과 중산층 사람들은 부자로 보이기 위해 큰집과 보석, 모피, 혹은 고급 차를 먼저 구입한다고 합니다. 이러한 것 모두 사실이 아닐 수도 있지만, 대체적으로 그러한 경향을 보이고 있다는 점입니다. 그렇게 하면 부자로 보이지만, 사실 그들

은 점점 더 빚만 질 뿐입니다. 기요사키는 가난한 사람들과 중산층 사람들은 자신들의 피와 땀, 그리고 아이들에게 물려주어야 할 유산으로 사치품을 사는 데 부자와 가난한 자와의 차이점이 있다고 과감히 말합니다.

제1권에서 기요사키는 사람들이 부자가 되지 못하는 이유를 다섯 가지로 말합니다.

첫 번째는 돈을 잃는다는 **두려움**이라는 것입니다. 대부분의 사람들이 돈 문제에 이기지 못하는 이유는 돈을 잃는 고통이 부자가 되는 기쁨보다 훨씬 더 크기 때문이라고 진단합니다. 예를 들어 미국인들의 90% 이상은 재정적으로 고생하는 주된 이유가 돈을 잃지 않으려고만 하지 이기려 하지 않기 때문이라는 것입니다.

두 번째는, **냉소주의**에 기인한다는 점입니다. 다음과 같은 일상적인 의심 속에 그 원인이 있다고 합니다. "나는 똑똑하지 않아", "나는 그렇게 뛰어나지 않아", "홍길동이 나보다 훨씬 뛰어 나" 등등의 의구심이 우리 자신을 마비시킨다는 것입니다. 세상은 우리가 부자가 되기를 기다리고 있지만, 많은 사람들은 의심 때문에 가난하게 살고 있다는 것입니다. 냉소주의는 의심과 두려움 때문에 생깁니다. 냉소주의들은 비판을 하지만, 승자들은 분석을 한다는 사실입니다.

세 번째는, **게으름**이라는 것입니다. 기요사키는 오늘날 너무나 바쁘다는 이유의 주원인을 게으름이라고 합니다. 종종 직장이나 아이들 때문에 바쁘지 않을 때에도 사람들은 스마트폰을 보거나, 온라인게임을 하거나, TV를 보거나, 낚시를 하거나, 골프를 치거나, 혹은 쇼핑을 하면서 바쁘게 지내곤 합니다. 게으름의 치료법은 우리가 흔히 나쁘다고 생각하는 욕심이라는 점입니다. 우리 모두는 내면적으로는 무엇인가 좋은 것, 새로운 것, 혹은 흥미로운 것을 갖고 싶어 하는 욕망이 꿈틀거리고 있으나, 욕망을 통제하기 위해 죄의식을 이용하여 내면에 갖고 있는 욕망을 잠재우고 있다는 것입니다. 따라서 부자 아빠는 "나로서는 할 수 없어요"가 아니라, "어떻게 하면 그것을 할 수 있을까요"라는 말로 사고를 긍정적인 측면으로 전환시킨다는 것입니다.

네 번째는 **습관**이라는 것입니다. 우리의 삶은 교육보다도 습관이 더 많이 반영되어 있습니다. 예를 들어 아놀드 슈왈제네거가 나오는 "코난"에 대해 이야기할 때, 한 친구가 그와 같은 우람한 몸매를 갖고 싶어 하였다고 합시다. 긍정적으로 생각하는 사람은 체력을 통해 단련을 할 수 있다고 생각하지만, 냉소주의자는 그런 몸매는 태어날 때부터 우람하였다고 생각한다는 것입니다. 다시 말해서 내가 정신적인 돈의 근육을 단련시킬수록 나는 더 튼튼해지며, 우람한 사람의 체력도 무서워하거나 두려워하지 않는다는 것입니다.

다섯째는 **거만함**이라는 것입니다. 많은 사람들은 거만함을 자기중심의 무게라고 생각합니다. 대부분의 사람들은 거만함을 통해서 자신들의 무지를 숨기고 있다는 것입니다. 자신들이 어떤 분야에 대해 무지하다는 것을 깨달았을 때에는 그 분야의 전문가나 관련서적을 찾아서 공부를 해야 한다고 말하고 있습니다.

자산	**부채**
자기사업을 한다	은행을 위해 일한다

그러면 우리는 이러한 유형 중에 어느 쪽에 속할까요. 아니면 그 어느 유형에도 속해 있지 않을까요. 기요사키의 부자아빠 가난한 아

빠 분석을 토대로 우리 자신을 생각해 보는 시간을 한번 가져 봅시다.

부자가 되는 10가지의 힘은 무엇인가?

그러면 사람들이 부자가 되기 위해 구비해야 할 요건에는 어떠한 것들이 있을까요. 기요사키는 이를 다음과 같이 10가지로 정리하고 있습니다.

첫 번째는, 정신의 힘: 나에게 현실보다 더 큰 이유가 필요하다고 생각하는 것입니다. 대부분의 사람들이 부자가 되거나 경제적으로 자유롭고 싶어 하지만, 막상 현실에 들어서면 길은 너무 멀어 보이고 언덕은 너무 많아 보이기에 포기하기 쉽다는 것입니다. 그러나 원함과 원하지 않음을 조화롭게 잘 조정해 나아가야 한다는 것입니다. 부자가 되기를 원하는 이유는 원함과 원하지 않음의 결합이라는 사실입니다.

두 번째, 선택의 힘: 우리는 하루하루를 선택하며 살고 있습니다. 이것은 자유국가에서 살고자 하는 중요한 이유입니다. 즉 우리는 누구나 선택할 수 있는 힘을 원한다는 것입니다.

세 번째, 협조의 힘: 친구들을 세심하게 선택하는 것입니다. 친구들을 선택할 때, 경제적인 측면을 고려하여 선택하지는 않는다는 것입니다. 우리는 돈이 많건 적건 간에 모두에게서 배울 수 있으며, 그 모두에게 배우기 위해 의식적인 노력이 동시에 필요하다는 점입니다.

넷째, 빠른 배움의 힘: 하나의 방식을 숙지하고 난 다음에야 비로소 새것을 배워야 한다는 것입니다. 빵을 만들려면 요리법을 따라야 하듯이, 돈을 버는 것도 이와 마찬가지라는 것입니다.

다섯째, 자기 통제의 힘: 먼저 자신에게 지불하라는 것입니다. 우리가 자신을 통제할 수 없다면 부자가 되기를 원하지 말아야 합니다. 먼저 우리는 현금흐름의 관리라든지 사람관리, 개인적 시간 관리를 잘 통제해야 한다는 것입니다.

여섯째, 좋은 조언의 힘: 중개인들에게 잘 지불해야 하는 것입니다. 종종 사람들은 집 앞에 〈주인이 직접 팝니다〉라고 광고하거나 혹은 TV에서 많은 사람들이 자신을 〈할인 중개인〉이라고 주장하는 것을 보곤 합니다. 그러나 부자 입장이라면 정반대의 방식을 가르쳐야 한다는 것입니다. 그들이 전문가라면 나에게 돈을 벌어주고, 좋은 중개인은 내 시간을 절약해 주거나 돈도 벌 수 있게 해 주기 때문입니다. 그들이 더 많은 돈을 벌수록 나도 더 많은 돈을 벌 수 있다는 점을 생각해야 한다는 사실입니다.

일곱 번째, 공짜로 무언가를 얻는 힘이라는 것입니다. 사람들은 대부분 투자를 할 때는 무언가 신나는 것, 공짜인 것을 어느 정도 바랍니다. 아파트 · 작은 창고 · 주택 · 주식 · 혹은 사무실 건물 등도 그런 실례입니다. 그러나 기요사키는 위험성은 제한적이고 낮아야 한다고 말합니다. 맥도날드의 레이 크룩은 맥도날드의 체인점을 판 것은 햄버거를 좋아해서가 아니라 그렇게 해서 얻어지는 공짜 부동산을 원했기 때문이라고 말합니다. 현명한 투자가는 투자 회수율 이상의 것을 기대한다는 것입니다. 일단 돈을 회수하고 난 후에는 공짜로 얻게 되는 자산입니다. 이것 역시 금융 지능이라는 것입니다.

여덟 번째, 초점의 힘: 자산이 사치품을 사는 것입니다. 자산 부문에서 현금 흐름을 만드는 절차는 이론적으로는 쉽지만, 돈을 관리하는 정신적 의지는 힘들다는 것입니다. 오늘날의 외적인 소비사회는 지출에 대한 유혹이 많기 때문에 지출부문을 늘리는 게 훨씬 쉬워졌다고 합니다. 돈의 달인이 되려면 돈보다 먼저 영리해야 한다는 점입니다. 그렇게 된다면, 돈은 지시 받은 대로 일을 하고 돈은 당신에게 복종하게 된다는 것입니다. 사람들은 돈의 노예가 되는 대신에 돈의 주인이 되어야 한다는 것입니다. 이것이 금융 지능입니다.

아홉 번째, 신화의 힘: 영웅의 필요성이라는 것입니다. 예를 들어 윌리 메이즈, 행크 아론, 마이클 조던, 부르스 리, 박찬호, 박세리 등은 많은 어린이나 어른들에게도 미국과 한국에서는 대중의 영웅으로 군림하고 있습니다. 영웅을 모방하거나 흉내 내는 것은 아주 좋은 배움의 방식일 수 있습니다. 영웅은 단지 자극을 주는 그 이상의 역할을 한다는 것입니다. 사람들은 어떤 상황이 쉽게 보인다고 생각하면, 확신을 갖고 그들처럼 행동합니다. 그들이 할 수 있다면 나도 할 수 있다는 생각입니다. 투자에 관해서 많은 사람들은 상황을 어렵게 만듭니다. 모든 상황이 좀 더 쉽게 보이도록 만드는 영웅을 찾기를 바랍니다.

열 번째, 주는 것의 힘: 가르치면 받으리라는 생각입니다. 이 책의 저자에서 두 분의 아버지는 모두 교사였습니다. 그의 부자 아버지는 그가 평생토록 따라간 교훈을 가르쳤습니다. 그것은 자비로운, 혹은 주는 것의 필요성이었습니다. 공부를 많이 하였던 아버지는 시간과 지식의 측면에서 많은 것을 주었습니다. 하지만 돈을 준 것은 거의 없었다는 것입니다. 그분은 대부분 돈이 생기면 더 주겠다고 얘기하지만 돈이 더 생기는 경우는 거의 없었습니다. 무언가 부족하거나 필요하다고 느낄 때마다 먼저 원하는 것을 주라는 것입니다. 그러면 자기에게 푸짐하게 돌아올 것입니다. 자신이 원하는 것을 먼저 주는 것입니다. 그러면 한 뭉텅이로 돌아올 것입니다. 돈에 대해서 배움을 얻고 싶다면 많은 아이디어와 더 뚜렷한 대가가 찾아 올 것입니다. 따라서 우리에게 필요한 것은 자신에게 있는 것을 너그럽게 주는 것입니다. 그러면 힘들도 우리에게 너그러워질 것이라고 저자는 말합니다.

재정적 안정과 자유란 무엇인가?

『부자아빠 가난한 아빠』의 공동저자 로버트 기요사키는 제2권에서 사람들이 "두려움과 욕망" 사이에서 살아가고 있다고 말합니다. 두려움이 앞선 사람은 인생에서 안정을 구하려고 하고 욕망이 큰 사람들은 자유를 원하려고 합니다. 기요사키는 이러한 측면을 4분면으로 나누어 설명합니다. 제2권에서는 돈에 대한 고정관념에서 벗어나 자신의 돈 관리를 현명하게 하라고 조언합니다. 봉급생활자와 자영업자, 사업가와 투자가로 분류했을 때 자신은 어느 그룹에 속해 있으며 자신의 현재 위치에 만족하는지를 묻고 있습니다. 만약 자신의 상황에서 만족하지 않는다면, 앞으로 어느 그룹에 속하기를 원하는지를 알라고 말합니다. 그리고 미래에 자신이 위치해 있기를 원하는 곳에 정착하기 위해서 어떤 마음과 경제적 지식을 쌓아야 하는지를 안내해 줍니다. 그는 항상 열심히 힘들게 돈을 벌고 있는데도 돈이 모아지지 않는다고 한탄하는 사람들에게 돈 관리의 중요성을 강조합니다.

그는 현금흐름의 사분면을 다음과 같이 설명합니다.

봉급 생활자는 일자리를 얻고 어떤 사람 혹은 어떤 기업을 위해 일함으로써 돈을 번다고 합니다. 이들은 안정을 느끼고 싶어 하고 그것을 문서로 보관하려고 합니다. 그래서 이들에게는 돈보다 안정이 더 중요하다는 것입니다.

자영업자는 스스로 일함으로써 돈을 벌어들입니다. 이들이 원하는 것은 스스로 고용주가 되는 것입니다. 혹은 무엇인가 자신의 일을 하는 것입니다. 사업가는 수입을 올리는 사업체를 갖고 있으며, 자영업자 집단과 거의 정반대일 수 있습니다. 이러한 분면에 속하는 사람들은 남에게 맡기는 것을 좋아한다고 합니다. 투자가는 여러 가지 투자에 손을 대서 돈을 벌어들입니다. 투자가는 돈으로 돈을 번다는 것입니다. 이들은 돈이 일하기 때문에 일할 필요가 없다고 말합니다. 기요사키는 투자가들의 유형을 7가지로 듭니다.

제1단계: 투자할 돈이 전혀 없는 사람
제2단계: 돈을 빌려 신나게 쓰기만 하는 사람
제3단계: 저축만 하는 사람
제4단계: 영리한 척하는 투자가
제5단계: 장기적인 투자가
제6단께: 능숙한 투자가
제7단계: 자본가

그런데 이러한 돈을 버는 방식에는 마음의 자세, 기술적인 능력, 교육적 배경, 그리고 개인적 특성도 서로 각자의 성향에 따라 다르다는 것입니다. 그래서 그는 가난한 아빠와 부자 아빠의 의식의 차이를 다음과 같이 제시합니다.

먼저 가난한 아빠의 생각은 다음과 같습니다.

1) 돈에 별로 관심이 없다고 생각합니다.
2) 절대로 부자가 될 수 없을 것이라고 생각합니다.
3) 부자가 될 만한 경제적 여유가 없습니다.
4) 투자는 위험한 것이라고 생각합니다.
5) 돈이 인생의 전부는 아니라고 말합니다.

부자 아빠의 생각은 다음과 같이 말할 수 있습니다.

1) 많은 시간을 갖고 아이들을 가르칩니다.
2) 돈이 있어서 자신이 지원하는 활동과 자선단체에 기부합니다.
3) 공동체에 일자리와 재정적 안정을 제공합니다.
4) 시간과 돈이 있어야 건강도 돌볼 수 있다고 생각합니다.
5) 가족과 함께 여행을 합니다.

일반적으로 생각할 때, 똑같은 돈이라 할지라도 돈을 버는 방식은 아주 다를 수 있습니다. 기요사키는 우리가 돈을 얼마나 버느냐가 중요한 것이 아니라 얼마나 많은 돈을 보유하는지, 그리고 그 돈이 얼마나 오래 일하는 것이 중요하다고 말합니다. 그는 사람들은 매일같이 많은 돈을 벌면서도 그것을 모두 지출하여 써버리는 사람들을 많이 본다고 말합니다. 마치 경제 설사약을 먹은 것처럼 돈은 순식간에 빠져나갑니다. 이러한 사람들은 아무리 많은 돈을 벌어들여도 돈이 들어오기 무섭게 바로 쓴다는 것입니다. 어떤 사람들은 건강을 위협하는 가장 큰 원인을 이른바 〈**지갑 속의 암**Cancer〉이라고 지적하기도 합니다.

기요사키는 실제로 열심히 일만 하는 사람은 부자가 되지 못함을 흔히 보았다고 말합니다. 부자가 되려면 심각하게 생각할 필요가 있다는 것입니다. 먼저 그는 대중을 그저 따라가기보다는 독립적으로 생각해야 함을 힘주어 말합니다. 부자들의 한 가지 위대한 자산은 그들이 다른 사람들과 다르게 생각한다는 것입니다. 그 이유는 간단합니다. 다른 사람들이 하는 대로만 하면 결국 그들과 같은 결과만 초래하기 때문입니다.

이 저서에서 부자아빠와 가난한 아빠의 차이는, 교육을 많이 받은 가난한 아빠는 상황에 따라 일상 속에서 자신에 대해 방어적인 태도를 취하고 선진교육을 받았다는 것을 큰 자랑으로 삼는다는 점입니다. 교육을 받은 가난한 아빠는 돈과 자유 시간이 없는 데 반해, 교육을 잘 받지 못한 부자아빠, 즉 자기 아버지가 죽은 후 자기 가족을 돌보기 위해 학교를 중퇴하여 초등학교만 나올 정도로 교육을 잘 받지는 못했지만 엄청난 시간을 잘 활용하여 많은 재산을 모았다는 점입니다. 부자 아빠가 갖고 있는 것은 돈과 자유 시간을 누리고 있다는 사실입니다.

2. 『바빌론 부자들의 돈 버는 지혜』에서 만나는 행복한 삶

조지 S. 클래이슨George S. Classon, 1874~1957의 『바빌론 부자들의 돈 버는 지혜』(2021)는 6000년 전 최고 부자들의 돈 철학의 내용을 담고 있습니다. 지금으로부터 6000년 전 바빌론 최고의 부자 아카드의 돈 버는 방법인 7가지의 법칙은 오늘날에도 그대로 돈의 흐름을 지배하고 있다는 것을 들려주고 있습니다. 즉 저자는 고대의 바빌로니아에서 돈 버는 교훈을 찾고 있습니다. 그래서 바빌론 사람들은 돈을 버는 지혜와 돈을 쓰는 지혜, 돈으로 돈을 버는 지혜를 통해 당시 세계에서 가장 최고로 부유했던 문명이었습니다. 바빌론이 그 당시 풍요를 누릴 수 있었던 것은 그 시대를 살던 사람들이 보여준 지혜 덕분이었습니다. 바빌로니아를 건설한 수메르 사람들은 황무지에서 바빌론이라는 도시를 세웠습니다. 지금까지도 바빌론은 우리에게 풍요를 상징하는 말입니다. 바빌론은 자연스럽게 형성된 도시가 아니라 수메르 사람들의 피와 땀, 그리고 지혜가 빚어낸 결실입니다. 바빌론이 세계에서 가장 풍요로운 도시가 되었던 것은 그들이 세계에서 가장 부유한 사람들이었기 때문입니다. 그들은 금융의 원리를 착실히 지키면서 돈을 벌었고, 돈을 지켰으며 나아가 그 돈으로 더 많은 돈을 벌어들였습니다. 그들은 모두가 원하는 미래를 위한 수입을 마련해 놓았던 것입니다.

아카드는 돈이 있어야 행복해질 수 있다는 진리를 깨닫고 돈이 바로 힘이라고 말합니다. 예를 들어 집안의 멋진 장식, 먼 바다로의 항해, 아름다운 장신구, 신을 위한 웅대한 신전, 이런 모든 것들은 돈이 있어야 할 수 있고 돈이 있어야 세상을 즐겁게 살면서 우리의 영혼까지도 만족시킬 수 있다는 생각을 갖고 있었습니다.

이 책에서는 총 8편의 황금을 쫓는 돈의 이야기가 등장합니다. 각각의 이야기를 통해 우리는 돈을 버는 지혜, 돈을 지키는 지혜, 돈으로 돈을 버는 지혜를 터득할 수 있을 것입니다. 그러면 돈을 버는 지혜는 무엇일까요? 이 책에서 바빌론의 부자들의 입을 빌려서 3가지의 방법을 소개합니다.

첫째, 각자가 일하는 분야에서 최고가 되라는 것

둘째, 열심히 성심껏 일하라는 것
셋째, 체면을 생각하지 말라는 것

간단하지만 실천하기에는 그리 쉽지 않습니다. 그러나 이 모두는 각자가 행하기에 따라 그리 이루기 어려운 것도 아닙니다.

바빌론의 왕 사르곤은 돈을 버는 방법을 모든 백성에게 가르쳐 주면 어떨까? 하는 생각을 하게 되었습니다. 그렇게 하면 모든 백성이 부자가 될 것이기 때문입니다. 그 당시 바빌론의 최대 부호 아카드를 불러 "돈 버는 방법을 백성들에게 가르쳐 주라."고 당부합니다. 왕명에 따라 아카드는 배움의 전당 안에 100명이 들어갈 수 있는 교실을 준비하여 시민들을 모아 놓고 일주일 동안 하루에 하나씩 자신이 터득한 돈 버는 비결을 백성들에게 가르쳐 주었습니다. 이것이 바로 얄팍한 지갑에서 벗어나기 위한 7가지 비결입니다. 이것이 시민들을 부자로 만들어줄 비결이라고 말합니다. 아카드가 설명하는 얄팍한 지갑을 두툼하게 만드는 비결은 아주 간단합니다.

① 버는 돈의 10의 1은 반드시 저축하라.

그만큼의 돈이 없어도 예전보다 살아갈 수도 있고 또한 돈이 없어도 그럭저럭 살아갈 수는 있다는 것입니다. 즉 돈이 생기면 가장 먼저 10분의 1을 떼어서 어딘가에 모아두는 것입니다. 그렇게 하면 본인이 알고 있는 보물을 가졌다는 생각에 뿌듯할 것입니다. 그리고 이 돈이 한 푼씩 늘어날 때마다 그만큼 기쁨도 훨씬 늘어납니다. 여러분들의 지갑에 10개의 동전이 들어 있다면 9개만 꺼내는 것입니다.

② 수입의 90%만으로 예산을 세우되 지출을 관리하라.

늘어나는 돈을 안전하게 관리하기 위해 지출을 관리하라는 것입니다. 먼저 불가피한 지출이라는 생각을 버려야 합니다. 많은 사람들은 욕망을 억제하지 않으면 불가피한 지출은 수입에 따라 증가한다고 합니다. 욕망은 욕망을 낳는다는 점입니다. 수입의 90%만으로 예산을 세우고 지갑을 살찌워 줄 나머지 10분 1은 절대로 건드리지 마십시오. 예산을 짜는 목적은 지갑을 살찌우기 위한 것이고, 적재적소에 필요한 돈만큼의 돈을 지출하도록 관리하는 것입니다.

③ 돈으로 돈을 벌어라.

돈으로 돈을 벌 수 있는 것은 투자라는 것입니다. 한 사람의 재산은 지갑에 넣고 다니는 돈의 액수에 있는 것이 아니라 그가 신중하게 투자한 수입원이 지갑을 불룩하게 채워 줄 황금물줄기에 있는 것입니다. 안전한 곳에 투자를 할 때 수익을 올릴 수 있다는 진리를 깨달아야 합니다. 적은 돈이라도 어느 정도까지 모이면 그때부터 눈덩이처럼 불어나는 것이 돈입니다. 돈으로 돈을 만들고 그렇게 만들어진 돈으로 다시 돈을 만드는 것입니다.

④ 투자에 관한 한 반드시 해당분야 전문가에게 조언을 구하라.

적은 돈이라도 소중하게 생각하는 마음을 가져야 큰돈을 안심하고 맡길 수 있다는 것입니다. 투자의 1원칙은 안전성입니다. 커다란 수익을 약속한다 하더라도 원금이 사라진다면 아무 소용이 없기 때문입니다. 따라서 그러한 투자는 현명한 투자가 아니라는 점입니다. 투자할 곳을 결정할 때는 자신의 지혜를 너무 과신하지 말고 해당 분야에서 충분한 경험을 쌓은 사람에게 조언을 구하라는 것입니다. 왜냐하면 훌륭한 조언은 투자한 돈만큼이나 가치가 있기 때문입니다.

⑤ 자신의 집을 마련하라.

자신의 가족을 안전하게 지켜줄 집을 마련하라는 것입니다. 자기

집을 가진 자는 임대료에서 벗어날 수 있어 생활비가 줄어들고 좀 더 풍요로운 삶을 누릴 수 있을 것입니다. 이것이 얄팍한 지갑에서 벗어날 수 있는 비결입니다.

⑥ 노후에 대비하는 수입원을 확보하라.

사람들은 더 이상 일하지 못할 때나 노후에 대비하여 적절한 수입원을 마련해야 한다는 것입니다. 먹고살기에 충분한 여유가 있는 사람도 미래에 대비해야 합니다. 미래를 위한 안전장치는, 집을 사거나 땅을 사두는 방법, 대금업으로 돈을 늘리는 방법 등이 있을 수 있습니다. 즉 여러분의 가족의 안락한 삶을 위해서 노후를 미리 준비하십시오.

⑦ 돈 버는 능력을 키워라.

수입을 늘리기 위해서는 두루뭉술한 허망한 꿈이 아니라 소박하고 구체적인 꿈을 꾸어야 한다는 것입니다. 예를 들어 금화 다섯 냥을 갖고 싶다는 꿈을 가질 때, 이러한 구체적인 꿈은 실천에 옮기는 강력한 원동력이 됩니다. 작은 꿈으로부터 시작하여 좀 더 커다란 꿈으로 확장해 나가야 합니다. 지나치게 크고 감내하기 힘든 꿈은 곧 좌절하기 마련이기 때문입니다. 인간의 삶은 언제나 변화하기 때문에 앞장서서 변화의 물결에 빨리 동참해야 합니다. 남들에게 존경받는 사람이 되려면 다음과 같은 원칙을 지키십시오.

1) 빚이 있다면 능력이 닿는 한 빨리 갚으십시오.
2) 가족에게 충실한 가장이 되십시오.
3) 유언장을 정확히 작성해 두십시오.
4) 가난한 사람에게 사랑을 베푸십시오.

이러한 조언은 주변에서 흔히 들을 수 있을지도 모릅니다. 당장 쓸 돈이 없는데, 수입의 10분의 1을 저축하라고 하는 것은 현실적으로 가능하지 않을 수도 있습니다. 그러나 저자는 황금을 찾아 나섰던 바빌론 사람들의 다양한 우화를 통해 이 단순한 원리가 얼마나 중요한가를 여러 번 반복해서 가르치고 있습니다.

"재산이란 나무와도 같아서 처음에는 작은 씨앗에서 시작되는 것일세. 자네가 저축하는 첫 돈이 재산이라는 나무로 성장해 가는 씨앗이라고 생각하게. 자네가 그 씨앗을 빨리 뿌릴수록 나무도 그만큼 빨리 성장하게 될 걸세. 돈이란 어느 정도까지 모이면 그때부터는 눈덩어리처럼 불어나는 것이네. 그래야 나무가 드리워준 그늘을 즐기면서 살 수 있지 않겠나?"

저자는 얄팍한 지갑에서 벗어나는 7가지의 비결을 올바로 이해한다면 당신의 지갑에도 돈이 흘러넘칠 것이라고 말합니다. 또한 아카드 자신의 아들 노마시르에게서 남긴 황금의 토판에서 알려주는 황금가지의 5가지 법칙은 이것이 오늘날 금융업계 자산관리 원칙의 밑거름이 되었음을 확인할 수 있습니다. 저자는 황금의 5가지 법칙을 다음과 같이 말합니다.

황금의 1법칙: 수입의 1할 이상을 꾸준히 저축하는 사람에게 황금은 기꺼이 찾아올 것이며, 곧 그와 가족의 행복한 미래까지 보장해 주는 커다란 재산으로 커갈 것입니다.

황금의 2법칙: 황금을 안전한 곳에 투자할 때 황금은 꾸준히 늘어나고, 나중에는 들판의 양떼처럼 급속히 늘어날 것입니다.

황금의 3법칙: 지혜와 경험을 갖춘 사람의 조언을 받아 황금을 투자하는 신중한 사람만이 황금을 지킬 수 있을 것입니다.

황금의 4법칙: 본인이 잘 알지 못하는 분야나, 경험 있는 사람이 추천하지 않는 분야에 투자하는 사람은 황금을 지킬 수가 없을 것입니다.

황금의 5법칙: 일확천금을 꿈꾸거나, 사기꾼의 달콤한 감언이설을 좇고 있거나, 자신의 미숙함을 깨닫지 못한 채 덧없는 욕망에 사로잡힌 사람은 결코 황금을 손에 쥘 수 없을 것입니다.

이러한 황금의 5가지 법칙을 평생신조로 삼는다면 누구나 풍족하고 풍요로운 삶을 누릴 수 있다고 저자는 말합니다. 이 책은 현재까지도 미국의 금융, 보험업계에서 교과서처럼 널리 읽히고 있다고 합니다.

3. 『누가 내 치즈를 옮겼을까?』에서 만나는 행복한 삶

스펜서 존슨Spencer Jonson, 1938-2017의 『누가 내 치즈를 옮겼을까』(2015)라는 얇은 책은 많은 사람들의 의식에 변화의 바람을 일으켰습니다. 이 책은 21세기의 새로운 시대에 "어떻게 변화해야 할 것인가?"를 말해주는 대표 우화라고 할 수 있습니다. 스펜서 존슨은 이 저서에서 변화에 대한 대처방법을 이야기하고 있습니다.

그러면 이 책에서 치즈는 무엇을 가리키는 것일까요? 치즈는 성공과 행복의 상징일까요? 이 책에서 저자는 치즈란 우리가 일상생활에서 얻고자 하는 직업, 인간관계, 재물, 근사한 집, 자유, 건강, 명예, 영적인 평화, 그리고 조깅이나 골프 같은 취미활동까지 모두 아우르는 개념이라고 말합니다. 우리들은 나름대로 자신만의 "치즈"를 마음속에 두고 그것을 추구하며 살아갑니다. 왜냐하면 그것이 자신을 행복하게 해줄 것이라고 강하게 믿고 있기 때문입니다. 또한 자신이 그토록 갈구하던 "치즈"를 얻게 되면 누구나 그것에 집착하여 얽매어 살아간다는 사실입니다. 그런데 "치즈"를 상실하게 된다면 급격한 변화를 수용하지 못하고 심리적인 공황상태에 빠져버립니다. 존슨의 저서에서 주인공들은 각자의 치즈를 통해 우리가 지향해야 할 삶의 모습들이 어떠해야 하는가를 제시합니다. 따라서 존슨은 치즈를 성공과 행복의 상징으로 비유하고 있습니다. 우리 음식으로 비유하자면, 치즈가 의미하는 것이 일상적으로 먹는 밥과 김치든 아니면 국수, 떡이든 간에 어떠한 생존조건과 주변의 환경이 바뀌면 그에 알맞게 대처하여 스스로 변할 줄 알아야 우리가 바라는 성공과 행복을 얻을 수 있다고 존슨은 강조합니다.

이 책의 이야기에는 스니프와 스커리라는 작은 생쥐 두 마리와 우리와 같은 모습으로 살아가는 헴과 허라는 두 꼬마 인간이 주인공으로 등장하고 있습니다. 그리스 신화의 아드리아네 공주가 준 실타래를 풀어 가면서 미궁 속을 빠져 나오는 테세우스의 왕자처럼 지하의 미로 속에서 이들 모두는 맛있는 치즈가 있는 방들을 이리저리 찾아다니면서 치즈를 즐기는 나날을 보냅니다. 그들 모두는 그 순간 나름대로 행복을 맛봤고 풍요로운 생활에 젖어 있었습니다. 또한 두 꼬마 인간은 이 치즈가 그들에게 행복과 성공을 가져다 줄 것이라는 확신에 차 있었습니다. 생쥐와 꼬마 인간은 서로가 다른 점이 많았지만 맛있는 치즈를 찾기 위해 미로 속을 찾아다닌다는 공통점이 있었습니다. 즉 이들의 공통점은 "**치즈를 가진 자는 행복하다.**"였습니다.

그러던 어느 날 갑자기 치즈가 없어지자 단순한 생쥐들은 사태를 받아들일 준비를 하고 바로 새 치즈를 찾아 나서지만 복잡하게 분석하는 것을 좋아하는 인간들은 주저앉아서 불평을 합니다.

"누가 내 치즈를 옮겼어."
"치즈가 없다고 치즈가,"
"어떻게 이런 일이 일어날 수 있지!"

하고 투덜투덜 불평을 쏟아 놓습니다. 꼬마 인간들에게 치즈는 행복을 가져다주는 상징물이었고, 치즈를 갖고 있다는 사실 하나만으로도 충만한 행복감과 영적인 풍요를 느낄 수 있었기 때문에 행복이 한밤의 꿈처럼 사라져 버렸다고 느꼈습니다. 꼬마 인간들은 치즈를 통해 미래의 계획을 세우고 안락한 생활, 행복한 가정, 사랑스러운 아내와 아이들, 그 모든 꿈들이 물거품처럼 사라져 버렸다고 생각한 것입니다.

그런데 그렇게 불평만 해서는 아무 것도 변하지 않는다는 사실을 깨달은 꼬마 인간 허는 새롭게 결심을 하고 새 치즈를 찾아 나섭니다. 허는 이미 사라진 치즈에 집착을 하면 할수록 상황은 악화되기만 할 뿐 자신에게는 아무런 도움이 될 수 없다는 것을 깨닫습니다. 그리고는 말합니다. "아무도 우리가 먹던 치즈를 다시 가져다 놓지 않을 거야. 아무리 기다려도 소용없어. 이제는 새 치즈를 찾아야 해."

그래서 그는 새로운 치즈를 찾았을 때의 안식과 정신적인 풍요로움의 행복을 떠올리기로 마음을 먹습니다. 그리고 "변하지 않으면 살아남을 수 없다"는 신념을 마음속 깊숙이 새겨 넣습니다. 허는 도중에 실망과 좌절을 심각하게 겪지만 두려움을 극복합니다. 허는 "두렵지 않다면, 무슨 일을 할 수 있을까?" 하고 스스로를 달래며 새 치즈를 찾아 나섭니다. 허라는 꼬마 인간은 두려움을 극복하는 것이 "변화"를 향한 빠른 지름길이라는 사실을 알아차리는 데 다소 시간이 걸렸지만, "새로운 방향으로 움직이는 것은 새 치즈를 찾는 데 도움이 되고, 두려움을 극복하고 움직이면 마음이 홀가분해진다"는 새로운 사실을 깨닫습니다. 따라서 그는 사라져 버린 치즈에 대한 미련을 빨리 버릴수록 새 치즈를 좀 더 빨리 찾을 수 있다는 조그마한 진리를 알아냅니다. 허는 아무 것도 없는 빈 창고에서 치즈를 기다리는 것보다 미로 속을 찾아다니는 것이 더 안전하다는 사실을 발견합니다. 더 이상 허는 치즈가 없는 빈 창고를 연연하지 않았습니다. 결국 허는 자신의 영혼이 쉴 만한 쉼터, 즉 새 치즈를 찾아내고 맙니다.

그러나 헴이라는 꼬마 인간은 치즈를 누군가 도로 갖다 놓을 것이라는 생각을 완강하게 고집합니다. 헴은 여전히 "누가 내 치즈를 옮겼을까?" 하는 어리석음에 빠져 있었습니다. 아직도 과거에 대한 집착과 미래에 대한 불안으로 망설이고 친구 헴에게 허는 하루빨리 용기를 내어 새 치즈를 찾아 나서기를 바란다는 이야기로 전개됩니니다. 이러한 꼬마 인간 허의 경험과 두 친구의 교훈을 토대로 하여 변화에 적절히 대처하기 위한 몇 가지의 방법을 저자는 다음과 같이 제시합니다.

첫째, 간단하고 융통성 있게 행동하라.

둘째, 사태를 지나치게 분석하지 말고 두려움으로 자신을 혼동시키지 말라.

셋째, 작은 변화에 주의를 기울여서 큰 변화가 올 때 잘 대처할 수 있도록 준비하라.

흔히 사람들은 변화가 낯설다는 이유 하나만으로 변화 자체를 거부하고, 위험하다는 핑계로 마지막까지 수용하려 하지 않는다고 합니다. 존슨은 행복에 대한 권리는 모든 사람들에게 있지만, 변화하기 위해 노력하려는 의지가 있는 사람만이 얻을 수 있기 때문에 행복을 얻는 사람은 극히 드물다고 말합니다. 결국 저자는 우리가 추구하려는 행복이라는 것은 수동적으로 가만히 자리를 지키고 앉아서는 이루어질 수 없다고 말합니다. 우리 주변은 항상 변화하고 있기에 변화를 예상하고, 신속히 적응해야 하며, 자신도 변해야 합니다. 또한 변화를 즐기고, 동시에 신속히 변화를 준비하고 그 변화를 즐길 때, 행복이라는 것을 얻을 수 있다고 우리에게 메시지를 전합니다.

4. 『성공하는 사람들의 7가지 습관』에서 만나는 행복한 삶

스티븐 코비Stephen R. Covey, 1932-2012는 저서 『성공하는 사람들의 7가지 습관』(1993/2023)에서 개인이나 조직을 성공적으로 만드는 습관들을 배양하는 것에 관해 기술하고 있습니다. 이 책에서 코비는 성공하는 능력에 대한 주요한 열쇠로 위대하고 영속적인 사회, 가족, 단체들이 공통적으로 갖고 있는 원칙들을 제시합니다. 그는 이러한 원칙이 각 개인은 물론 부부, 가족, 그리고 공사조직체에 적용될 수 있다고 말합니다. 그가 말하는 원칙은 실제적인 상황을 해결하는 실행방법은 아닙니다. 여기서 의미하는 실행방법이란 구체적인 활동이나 행동을 뜻합니다. 왜냐하면 어떤 상황에서는 적절하게 맞는 방법이 다른 상황에서는 잘 들어맞지 않을 수도 있기 때문입니다. 예를 들어 첫째 아이를 키울 때의 교육방법이 둘째 아이를 키울 때는 잘 맞지 않는 경우가 종종 있을 수도 있습니다. 코비는 이 세상의 어떤 사람들도 불공정 · 속임수 · 비열함 · 무익함 · 열등함 · 퇴폐성 등이 성공과 행복을 지속시키는 데 필요한 기본요소라고 믿지 않는다고 말합니다. 그는 성공적인 개인이나 사회의 대인 관계를 위해서 올바른 지도, 즉 정확한 패러다임이 자신의 태도나 행동을 변화시키기 위해 필요한 모든 노력으로 얻을 수 있는 결과보다 훨씬 더 크고 무한한 성공을 가져 와야 된다고 강조합니다.

그는 방대한 분량의 책에서 패러다임의 원칙들을 7가지로 적고 있습니다. 앞장에서 살펴보았지만, 패러다임이란 우리가 세상을 보는 방식을 말합니다. 코비는, 세상은 단지 시각적인 감각만으로 보는 것이 아니라 지각하고 이해하고 해석하는 관점에서 "세상을 보는 것"이라고 말합니다. 우리 인생에 강력히 영향을 미치는 것들, 즉 가족 · 학교 · 교회 · 직장 · 친구들은 우리가 의식하지 못하는 때에도 우리에게 영향을 미치고 있으며, 우리의 패러다임을 형성하는 데도 알게 모르게 영향을 줄 수 있습니다. 그가 말하는 성공하는 사람들의 7가지의 습관을 간략히 정리하면 다음과 같습니다.

첫째, 주도적이 되라.

주도성이란 단순히 솔선해서 사는 것 이상을 말합니다. 먼저 이는 스스로의 삶에 책임을 지는 것을 의미합니다. 우리의 행동은 우리 자신의 의사결정에 의한 것이지 주변 환경에 의해 결정되는 것이 아닙니다. 주도적인 사람은 어떻게 반응할지 선택할 수 있는 능력이 있으며, 책임을 인정합니다. 즉 주도적인 사람의 행동은 가치관에 기초를 둔, 스스로가 의식적으로 선택한 결과이지 주변의 환경과 감정에 따라 좌지우지되지 않습니다.

주도적인 사람은 심사숙고하고, 선택하며, 내면화된 가치기준에 따라 행동합니다. 또한, 외부의 자극, 즉 물리적, 사회적, 심리적 자극에 의해 영향을 받습니다. 그는 대응적인 말보다 주도적인 말을 하라고 가르칩니다.

둘째, 목표를 확립하고 행동하라.

이는 현재를 기점으로 하여 자신이 최후 순간에 가고 싶은 이미지, 모습, 패러다임을 검토하는 기준틀을 표준으로 삼는 것입니다. 즉 자신의 현재 위치를 잘 파악하여 올바른 방향으로 갈 수 있어야 하고, 또한 어디로 가는가를 알아야 한다는 것입니다. 이것은 자기 자신의 인생철학 내지는 신조信條를 작성하는 것입니다. 우리가 어떤 사람이 되기를 원하는가(성품), 무엇을 하기를 원하는가(공헌 및 업적) 등 자신의 존재와 행동에 바탕을 둔 가치와 원칙에 초점을 맞추는 것입니다. 이것은 삶의 네 가지 요소인 기본적인 패러다임에서 나타납니다. 즉 안정감, 지침, 지혜, 역량이라는 네 요소는 상호의존적 관계에 있습니다. 안정감과 명확한 지침은 지혜를 낳고, 지혜는 역량에 불을 붙이는 촉매제 역할을 합니다. 이러한 삶의 핵심은 내면의 가장 중심을 이루고 있습니다.

셋째, 소중한 것부터 먼저 하라.

이는 먼저 ① 우선순위를 결정하는 능력, ② 우선순위에 따라 준비하고 계획하는 능력, ③ 우선순위의 실행 계획을 수행하는 실천력과 자제력의 순위를 정하라는 것입니다.

자신이 설정한 목표를 염두에 두고 목표달성을 위해 하루의 계획부터 매주, 매달의 시간계획을 수립하는 것입니다. 이러한 계획은 우리의 언행일치를 지킬 수 있게 하는 높은 수준의 내면적 안정, 지침, 그리고 지혜를 제공해 줍니다.

넷째, 상호이익을 추구하라.

다른 사람들과의 관계에서 효과적인 리더십 발휘는 "나도 이기고 상대방도 이기는" 사고방식을 갖는 데서 비롯됩니다. 나도 이기고 상대방도 이기는 승Win/승Win의 패러다임은 대인관계에서 서로의 이익을 추구하는 사고방식입니다. 이는 한 사람의 성공이 다른 사람의 실패를 초래하거나 다른 사람의 성공기회를 박탈하지 않고 이루어진다는 원칙에서 나옵니다. 인간관계의 패러다임은 승/승의 관계뿐만 아니라 승/패, 패/승, 패/패 등이 있을 수 있습니다. 여러 대안들은 상호의존적인 현실로서 나타날 수 있지만, 승/승의 대안은 여러 단점들을 보완하는 대안으로 제시될 수 있습니다.

다섯째, 경청한 다음에 이해시켜라.

대부분의 사람들은 남에게 먼저 말하여 이해받고 싶어 합니다. 그리고 많은 사람들은 상대방을 이해하려는 의도를 갖고 경청하는 것이 아니라 대답할 의도를 갖고 듣습니다. 따라서 대부분의 사람들은 말을 하고 있거나 말할 준비만 하고 있다는 점입니다. 말을 경청하는 것은 5가지의 수준으로 나누어집니다. 첫째, 상대방을 무시하여 전혀 듣지 않는 경우, 둘째, 맞장구를 치면서 듣는 체하는 경우, 셋째, 대화에 단지 어떤 특정한 부분만을 선택적으로 발췌하여 듣는 경우, 넷째, 상대방이 이야기하는 것에 집중하여 신중한 경청을 하는 경우, 다섯째, 소수이나 가장 고차원적 공감적 경청의 경우입니다. 여기서 공감적 경청이란 내가 먼저 상대방을 이해하려는 의도를 갖고 경청하는 것입니다. 이것은 서로가 진정한 이해를 추구하는 것입니다.

여섯째, 시너지를 활용하라.

시너지란 전체가 각 부분들의 합보다 크다는 것을 뜻합니다. 각 부분들의 상호관계는 전체의 일부분에 속해 있으며, 그 일부가 전체의 역할을 할 수 있다는 점입니다. 무엇보다 전체가 각 부분의 합보다 더 크다는 원칙에 입각하여 행동하느냐의 여부에 따라 달려 있습니다.

여러 식물이 서로 가까이 자라 그 뿌리들이 엉켜서 주위의 토양을 좋게 하는 것도 시너지이며, 남녀가 만나 아이를 낳아 가정을 이루는 것도 시너지입니다. 시너지의 본질은 서로의 차이를 충분히 인정하고, 그 차이를 존중하며, 강점을 최대한 활용하고, 나아가 서로의 약점을 서로 보완하는 것에서 나옵니다.

일곱 번째, 심신을 단련시켜라.

신체적 차원에서 운동과 영양섭취를 하고 스트레스를 관리하는 것입니다. 여기서는 영양가 있는 음식의 섭취, 충분한 휴식, 긴장이완, 그리고 규칙적인 운동이 이에 포함됩니다. 정신적 차원에서는 독서 · 사상 · 계획수립과 저술, 즉 사람의 능력을 최대한 개발하고 활용하는 것입니다. 영적으로는 우리가 가진 가치체계를 명료화하고 그곳에 몰입하는 것이며, 그것은 학습과 명상을 통해서도 이루어집니다. 또한 사회조직이 제공하는 서비스, 직무 및 이에 대한 기여가 이에 해당합니다. 예술방면에 심취하는 것, 즉 문학작품이나 음악, 미술 감상에 심취하는 것도 영적인 쇄신을 제공합니다. 세 차원인 신체적, 정신적, 영적 차원에서 톱날을 간다는 것은 그날그날의 개인적 승리를 실천으로 옮긴다는 의미를 지니고 있습니다.

5. 『맥도날드 그리고 맥도날드화』에서 만나는 행복한 삶

사회학자 조지 리처George Ritzer의 『맥도날드 그리고 맥도날드화-개정판 8판-』(2017)에서는 맥도날드화McDonaldization에 내재된 극대화된 합리성, 그리고 그 한계를 날카로운 매의 눈으로 포착하고 있습니다. 여기서 맥도날드화란 광범위한 과정의 주요사례이자 일종의 패러다임입니다. 이를테면 맥도날드화란 **패스트푸드점의 원리가 미국사회와 그 밖의 세계에 더욱 더 많은 부분들을 지배하게 되는 과정**입니다. 맥도날드화는 패스트푸드점뿐만 아니라 교육 · 노동 · 의료 · 여행 · 여가 · 다이어트 · 정치 · 환경문제 · 가정, 그리고 사실상 사회의 거의 모든 부문에 걸쳐 영향을 미치고 진행되고 있습니다. 맥도날드화가 기업, 노동, 교육, 의료, 쇼핑, 레저는 물론 출생, 죽음에 이르기까지 삶의 전 영역으로 확대되어 가고 있다는 것입니다.

현대인은 산부인과라는 출산의 조립 라인에서 태어나 학교라는 지식공장에서 제품을 찍듯 교육 받으며 쇼핑몰이라는 판매기계에서 소비합니다. 심지어 화장장에서도 컨베이어 시스템은 돌아갑니다.

사실상 패스트푸드 국가의 가치체계 · 문화 · 산업은 전 세계로 수출되고 있습니다. 패스트푸드는 할리우드 영화와 청바지 · 팝음악과 마찬가지로 미국의 가장 두드러진 문화현상으로 자리 잡았습니다. 이러한 맥도날드화는 도저히 침투할 수 없을 것 같아 보이는 제도와 세계의 여러 부문에서도 그 모습을 점점 드러내고 있습니다. 맥도날드를 포함한 패스트푸드산업이 점점 그 위력을 더해가고 있다는 것입니다.

맥도날드화가 효율성, 계산가능성, 예측가능성, 통제라는 이점을 가져다주지만 동시에 편협한 기준을 다른 어떤 가치보다 중시한다고 비판받기도 합니다. 여기서 맥도날드화의 승리는 오히려 "합리성의 불합리성"이라는 말로 바꾸어 말할 수 있습니다. 현대인은 편리한 것을 점점 더 추구하고 그러한 것을 충족시켜줄 수단들이 도처에 널려있게 되었습니다. 우리 주변에서 쉽게 눈에 띄는 간판은 맥도날드, KFC, 롯데리아, 버거킹, 서브웨이, 맘스터치 같은 패스트푸드점일 것입니다. 21세기에 인간의 행복은 간편하고 편리한 것을 추구하는 방향으로 더욱 진행되고 있습니다. 그러한 점에서 패스트푸드점의 원리는 지금까지 우리가 추구하려는 행복의 척도를 가장 단적으로 드러낸다고 할 수 있습니다.

맥도날드의 역사는 1955년 믹서 판매업자인 레이 크락Ray A. Kroc이 딕 맥도날드와 맥 맥도날드 형제를 방문하여 프렌차이즈 판매권을 사들여 공동경영에 나선 것으로부터 시작되었습니다. 맥도날드란 이들 형제의 이름을 딴 것으로서 패스트푸드 맥도날드의 개념에서 유래했습니다. 맥도날드화가 전 세계를 장악하게 된 비결은 무엇보다 합리성에 있다고 하겠습니다. 한 일화를 소개하면, 1974년 맥도날드의 창업자인 레이 크록은 오스틴에 있는 텍사스 대학의 경영대학원에서 강연요청을 받았습니다. 강연이 끝난 후 학생들이 단골 맥주집에 레이를 초청하여 함께 맥주를 즐겁게 마셨다고 합니다.

레이: "내가 무슨 사업을 하고 있을 까요."

학생들: "장난치지 마세요."

레이: "웃지들만 마시고 내가 무슨 사업을 하고 있는지 알아보세요."

한 용감한 학생: "세상에 당신이 햄버거 사업을 하는 걸 모르는 사람이 어디 있나요."

레이: "여러분들이 그렇게 대답할 줄 알았습니다. 그러나 내가 하는 사업은 햄버거 사업이 아니라 부동산 사업입니다."

레이는 자신의 기본적인 사업이 햄버거 체인점을 파는 것임을 잘 알고 있었지만, 각 체인점의 위치가 아주 중요함을 항상 알았습니다. 부동산의 위치가 체인점의 성공에 가장 중요한 요인임을 알았기 때문입니다. 오늘날 맥도날드는 부동산이 가장 많은 거대한 조직체입니다. 심지어는 천주교의 성당보다 더 많은 땅을 소유하고 있으며, 가장 비싼 땅을 전 세계적으로도 갖고 있습니다. 맥도날드는 1999년 5월에 2만 5천 번째 매장을 개장한 것을 시점으로 하여 현재(2024년 기준) 120여 국에 3만 5천여 매장을 운영하는, 세계에서 가장 큰 패스트푸드 서비스업체로 알려져 있습니다. 이는 매년 미국에서 생겨나는 일자리의 90%를 책임지고 있다고 합니다. 또한 이 회사는 미국 최대의 쇠고기, 돼지고기, 감자의 구매자이고 닭고기는 두 번째로 많이 구매한다고 합니다. 이러한 맥도날드 체인점의 합리적, 예측가능성의 판단은 긍정적인 사유의 패턴의 변화된 모습도 보여주고 있습니다.

맥도날드화의 효율성이 행복해질 수 있을까요? 왜 맥도날드의 모델이 그토록 절대적인 것이 되고 있을까요? 맥도날드화의 매혹적인 특징은 고객과 종업원, 지배인 모두에게 효율성, 계산가능성, 예측가능성, 그리고 통제를 제공하기 때문에 성공을 거두어 온 것입니다.

첫째, 맥도날드화는 효율성, 어떤 상태에서 다른 상태로 변화하게 하는 최적의 상태를 제공합니다. 예를 들어 맞벌이 부부, 바쁜 사회, 자동차 문화, 종업원들을 효율적으로 관리하거나 수많은 사람들의 욕구를 충족시킵니다.

둘째, 계산가능성입니다. 판매되는 제품과 제공되는 서비스의 양적인 측면을 강조합니다. 많은 양을 신속하게 공급하는 것을 좋은 것으로 인식하는 경향이 있습니다. 근처의 패스트푸드점에 갔다오는 것이 집에서 식사를 하는 것보다 시간이 더 적게 걸리는 것을 강조합니다.

셋째, 예측가능성입니다. 맥도날드의 제품과 서비스가 언제 어디서나 동일할 것이라는 확신을 제공합니다.

넷째, 통제, 즉 인간기술의 무인기술로의 대체입니다. 인간 기술은 사람이 통제하지만, 무인기술(예를 들어 조립라인)은 인간을 통제합니다. 즉 줄서서 기다리기, 제한된 메뉴, 선택의 여지가 거의 없음, 불편한 의자 등은 고객들이 관리자가 원하는 행동양식에 따라 움직이게 만듭니다. 그러면 조금 더 구체적으로 맥드날드화의 몇몇 이점을 살펴보도록 할까요.

‣ 보다 많은 사람들이 다양한 서비스를 이용할 수 있다.

- 사람들이 원하거나 필요로 하는 것을 곧바로 얻을 수 있다.
- 사람들이 원하거나 필요로 하는 것을 구매하는 것이 매우 편리해졌다.
- 상품과 서비스의 질이 단일화되었다.
- 고가의 맞춤상품이나 서비스보다 훨씬 경제적인 대안들을 다양하게 이용할 수 있다.
- 근무시간이 길어 짬을 내기 어려운 사람들이 신속하고 효율적인 상품과 서비스를 이용할 수 있다.
- 수량화되므로 소비자는 경쟁품목을 좀 더 쉽게 비교할 수 있다.
- 사람들이 인종이나 성별, 사회 계층에 관계없이 비슷하게 취급한다.
- 한 문화의 산물이 다른 문화로 더욱 쉽게 전파된다.

이러한 여러 특성으로 인해서 맥도날드화는 이제 세계 어느 곳에서도 많은 사람들에게 사랑받는 제품으로 확산되어 가고 있습니다. 그러면 행복해 보이기만 하는 패스트푸드의 표면 이면에는 무엇이 자리 잡고 있을까요?

맥도날드화는 막강한 이점들을 제공하고 있지만, 부정적인 측면도 많습니다. 많은 사람들은 패스트푸드의 제국이 미국의 놀라운 경제적 활력의 증거이며 이 나라의 생활양식을 추종하는 수백만의 외국인들로부터 사랑받는 미국식 제도라고 강조합니다. 합리적 세계는 어쩌면 불합리한 결과를 초래할지도 모릅니다. 합리적 세계는 인간 이성을 부정하는 데 기여하며 종종 비이성적입니다.

예를 들면 맥도날드화는 자연환경에 광범위한 피해를 끼치고 있습니다. 예측 가능한 프렌치프라이를 만들기 위해서는 일정한 모양의 감자를 생산해야 합니다. 그러한 감자의 생산은 미국 북서부 지역 태평양 연안의 생태계에 부정적 영향을 미쳐온 것으로 나타났습니다. 감자를 재배하는 거대한 농장들이 막대한 양의 화학비료를 사용하기 때문입니다. 완벽한 프렌치프라이에 대한 요구로 인해 엄청난 양의 감자가 낭비되는데, 못 쓰는 나머지 감자는 가축사료나 비료로 사용합니다. 그러나 가축의 분뇨와 비료는 지하수의 질소함유량을 증가시키는 원인으로 작용합니다. 패스트푸드점의 또 다른 이성적 측면은 사람들이 비인간적 환경에서 먹거나 일한다는 것입니다. 햄버거를 사기 위해 줄을 서거나 차 안에서 순서를 기다리는 고객, 그리고 감자튀김을 준비하는 종업원은 스스로가 마치 조립라인의 일부가 된 것처럼 느낄 수 있습니다. 패스트푸드점의 불합리성 비판은 물론 맥도날드화되고 있는 세계의 모든 측면에까지 확대 적용되고 있는 데 주시할 필요가 있습니다. 프랑스의 한 정치가는 유로 디즈니의 개장에 대해 "패스트푸드가 미각에 해독을 끼치는 것처럼, 그것은 뿌리 없는 창조물로 프랑스를 폭격하여 문화에 해독을 끼칠 것"이라고 경고했습니다. 인구의 증가, 기술변화의 가속화, 점차 바빠지는 생활 등이 집에서 만든 음식, 체인점에서의 저녁식사, 고급음식, 감탄을 자아내는 요리, 자신의 창의성을 유감없이 발휘하는 주방장이 있는 식당 등이 존재하는 합리화되지 않는 세계로 돌아가는 것을 방해하고 있습니다.

맥도날드화에 대한 부정적 시각은, 한편으로 과거에 바탕을 두고 있습니다. 그리고 다른 한편으로는 미래에 바탕을 두고 있습니다. 여기서 의미하는 미래란, 맥도날드화된 체계의 구속에서 벗어난 인간의 잠재력을 말합니다. 이러한 부정적 시각은 우리 인간이 지금보다 더 사려 깊고, 유능하며, 창조적이고, 다재다능할 수 있는 잠재력을 갖고 있다고 주장하는 것입니다.

제3장

서양 철학에서
만나는
행복한 삶과 철학

제3장

서양 철학에서 만나는 행복한 삶과 철학

1. 소크라테스의 행복한 삶과 철학: 행복은 덕과 지식을 잘 일치시킬 때 찾아온다

• 마음을 잘 보살피는 것이 곧 행복이다

"너 자신을 알라!Gnothi Seauton: 그노티 세아우톤"라는 지혜의 경구를 중등학생 이상이면 이미 잘 알고 있을 것입니다. 이 말은 그리스 시대에 델포이의 아폴론 신탁信託의 벽면에 새겨져 있다고 합니다. 그 당시에 델포이 섬에는 아폴로의 신을 모시는 신전이 있었고 사람들은 그곳에서 신을 찬미하고 제의를 올렸다고 합니다. 특히 큰 행사나 어떤 사건이 발생할 때마다 이곳에 가서 사제로부터 신탁을 얻었다고 전해져 옵니다. 여기서 신탁이란 "신이 맡겨 놓은 뜻"이라는 말로 탁선託宣이라고도 합니다. 당시 그리스인들은 신들이 인간의 팔자를 주관한다고 믿었기 때문에 무신巫神의 신전에 가서 그 신전을 지키는 여사제에 물으면 그 뜻을 미리 아는 것도 가능했다고 믿었습니다. 우리는 위의 경구를 대부분 그리스의 철학자인 소크라테스Socrates, B.C. 470?~399가 한 말로 기억하고 있습니다. 그러나 소크라테스가 이 말을 옮겼을 뿐 델포이 신탁의 문이었던 상인 방에도 같은 글들이 새겨져 있었다고 합니다. 소크라테스는 이 경구를 가슴 깊숙이 좌우명으로 새기면서 일반대중들에게 신의 말씀을 전하는 헤르메스처럼 어느 곳이든 달려가서 그 말씀을 옮겼습니다.

소크라테스

우리가 자신을 알려면 어떻게 해야 합니까? 먼저 자기 자신을 향해 근본적인 의문을 제기하는 경험이 쌓여야 할 것입니다. 그러나 의문을 제기한 이후에도 계속해서 그 답에 맞는 경험들이 뒤따라야 합니다. 그래서 이 경구는 "자기인식과 자기반성"에 대한 요구라고 말합니다. 이 말의 중요한 까닭은, 우리가 진정 누구인지를 바르게 알 때에만 무엇이 우리 자신을 위해서 가장 좋은 삶이며 또한 무엇이 나쁜 삶인지를 알 수 있기 때문입니다. 21세기의 복잡하고 혼란한 질서 속에서 살아가는 현대인에게 이 말이 주는 메시지는 더욱 큰 목소리로 우리 곁에 다가오고 있습니다. 이러한 그의 말은 아내 크산티페 덕분에 더욱 유명해졌을지도 모릅니다. 그의 아내에게 소크라테스는 가족에게 빵보다는 악평을 몰아다 주고 돈 한푼 벌어오지 않는 게으름뱅이로 보였고, 시도 때도 없이 시장이나 길거리 · 일터 · 운동장 등에서 방랑벽 생활에 지긋지긋해졌기 때문에 그가 집에 들어오면 항상 독설을 퍼부었고 소크라테스의 얼굴에 물을 끼얹었다는 일화도 전해 오고 있습니다. 아내 크산티페는 남편이 젊은이들을 상대로 논쟁을 벌이고, 제대로 밥벌이를 하지 않는다는 이유로 가혹한 대접을 하였습니다. 사람을 사람으로 생각하지 않고, 남편을 남편으로 생각하지 않는 대우를 했다고 합니다.

여러모로 크산티페는 오늘날 수다스러운 악처의 표본처럼 되어 있습니다만, 소크라테스의 가정생활을 생각한다면 그녀의 행동은 충분히 이해할 만도 합니다. 아마 소크라테스가 지금 세상에 살았더라면, 그는 가정을 돌보지 않는 무능력자로 낙인 찍혀 당장 이혼감 후보 1위였을 것입니다. 그런 철학자가 행복을 얘기했다면 지금시대에선 아마 우스갯소리나 정신 나간 사람의 헛소리로밖에 들리지 않을 것이기에 아무도 그의 목소리를 경청하지 않을 것입니다.

그러나 그 당시 소크라테스는 인간의 행복Eudaimonia을 외쳤던 첫 인물이었습니다. 소크라테스는 많은 사람들과 교제하였지만, 그 중에서도 특히 젊은 사람들과 많은 친분관계를 맺었습니다. 그 목적은 젊은이들을 선량하고 유능하게 만들어 가족, 하인과 가족 구성원들, 친구들, 국가와 시민들을 정당하게 다룰 수 있도록 하는 것이었습니다. 그는 젊은이들에게 안녕과 복리의 도덕이라는 행복에 그 목적을 두었습니다. 행복은 다양한 의미를 가지고 있지만, 모든 윤리적 원리들의 한 부분이기도 하기 때문입니다.

소크라테스는 크산티페와의 사이에 삼형제를 두었습니다. 소크라테스의 부모가 누구인지는 잘 알려져 있으나, 직업이 무엇인지는 잘 알려져 있지 않습니다. 단지 소크라테스의 어머니는 아기 낳는 것을 돕는 산파産婆였고, 아버지는 돌을 깎는 석공이었던 것으로 알려져 있습니다. 그는 항상 부모를 본받고자 애쓰는 효자였고, 어머니가 여자들에게 아기를 낳는 것을 도와주는 행위를 혼phychē에 대해 행위하는 것이라고 생각했습니다. 그는 혼(마음)에 대한 보살핌을 유독 강조했는데 이는 사람됨의 원천이 혼(마음)에 있다고 생각했기 때문입니다. 이는 정신적 완성에 대해 열망하는 도덕성으로도 불리고 있습니다. 또한 혼은 그것이 몸에 있을 때 숨 쉬는 능력을 가져다주고 원기를 회복시켜주는 삶의 원천이라고 합니다. 그는 자신은 아이를 낳지 않고 스스로 불임이라고 말하면서 그의 어머니처럼 사람들에게 그들이 잉태하고 있는 진리를 낳게 해주려고 노력하였습니다. 우리는 이러한 소크라테스의 방법을 산파술이라고 부르기도 합니다. 왜냐하면 산파의 역할은 아기를 낳는 것을 도와주는 역할을 하는 것이지 직접 아기를 낳는 것은 아니기 때문입니다. 이와 마찬가지로 사람들이 살아가는 데 있어서 진리니 지혜니 하고 말하는 것도 직접적으로 그 해답을 제시하는 것이 아니라, 서로 대화를 하는 당사자들이 지혜와 진리를 스스로 깨닫도록 도와주는 것뿐입니다. 이런 생각에서 그는 사람들이 갖고 있는 참이나 진리 · 지혜에 대한 많은 생각들을 도와주었습니다.

• 닭 한 마리 진 빚을 갚아주게: 죽은 자를 지하계로 잘 모셔야 행복이 온다

철학자는 외모와 아무 상관도 없다고 하지만 소크라테스는 너무도 못생긴 외모를 가졌던 것으로 알려져 있습니다. 그는 평범한 얼굴이 아니라 괴짜로 생긴 모습이었습니다. 대머리에다가 크고 둥근 얼굴, 둥그스름하면서 툭 튀어나온 이마, 깊숙하게 쏘아보는 눈, 많은 잔치에 참석하여 술에 절어있다는 역력한 증거인 빨간 들창코의 외모가 그러했습니다. 그러나 깊숙하게 쏘아보는 눈과 커다란 둥근 얼굴 속에는 언제나 의지와 활력이 넘쳤습니다. 다시 한번 소크라테스의 외모를 자세히 살펴보면, 이 거친 돌을 통해 이 못생긴 당대의 사상가는 아테네의 가장 우수한 청년들의 사랑을 받는 선생으로서, 인간적인 지혜와 주제넘지 않은 소박함을 엿볼 수 있습니다. 그는 부정한 행위는 그것이 어떠한 목적이건 간에 정의正義에 어긋난다고 생각하면 그 명령에 절대로 따르지 않았습니다. 그가 말년에 시민 500인으로 구성된 아테네의 법정이 청년을 타락시키고 신을 모욕했다는 죄명으로 체포되어 사형을 선고받았을 때도 친구들이 권하는 대로 탈출하여 자신을 보호해 주고 길러준 나라의 법을 어기기보다는 자진해서 스스로 독배毒杯를 마셨습니다.

소크라테스는 흔히 알려져 있듯이, 죽을 때 "악법도 법이다"라는 유언을 남기지는 않았다고 합니다. 소크라테스가 죽기 직전까지 아테네의 법을 수호하려고 한 이유는 악법도 법이기 때문에 절대적으로 지켜야 한다는 우둔한 생각 때문이 아니라 그 자신이 70 평생을 살아온 아테네의 법률에 동의했다는 것뿐입니다. 그가 아테네의 법률을 싫었더라면 언제든지 아테네에서 살지 않을 수도 있었습니다. 단지 그가 임종직전에 제자들에게 유언으로 남긴 말은, 그리스의 의술醫術의 신神인 **"아스클레피오스에게 닭 한 마리 진 빚을 기억했다가 갚아 주게나"**였다고 합니다.

사람들이 거의 죽을 때까지 함께 하는 자들은 옛날이나 지금이나 다름없이 의사일 것입니다. 그래서 옛날 사람들은 태양의 신 아폴론과 코로니스의 신 사이에서 태어난 의술의 신인 아스클레피오스가 죽은 자를 지하계地下界로 인도한다고 믿고 있었습니다. 그리고 지하계로 인도하는 대가로 아스클레피오스에게 닭 한 마리를 의무적으로 바쳐야 한다고 생각했습니다. 여기서 아폴론은 자기의 아들인 아스클레피오스를 당시 용하다고 소문난 의사이자 지혜로웠던 켄타우로스(반인반마) 케이론에게 맡겨 의술을 배우게 했다고 합니다. 아스클레피오스는 케이론의 가르침을 받아 대단한 의사가 되었습니다. 그는 트라카라는 도시에서 지금의 의과대학교와 유사한 기관을 세우고 의술을 가르치고 환자를 치료했습니다. 얼마나 용하게 치료하였는지 죽은 사람도 능히 살려낸다는 소문까지 돌았다고 합니다. 이러한 아스클레피오스는 실제로 죽은 자를 살려 냈다고 하지만, 이승과 저승을 잘 분간하지 못하였기에 이것을 밉게 본 제우스 신의 불벼락에 맞아 죽었다고 신화는 전합니다. 죽은 자를 지하계로 인도한다는 생각은 그렇게 독특한 것은 아닙니다. 우리나라 풍습에서 사람이 죽으면 상을 차려 놓고 푸짐한 밥과 음식, 국, 과일, 고기, 두둑한 노잣돈 등을 올려놓는 것과 유사하다고 생각하면 될 것입니다.

• 행복은 덕과 지식을 잘 일치시킬 때 찾아온다

소크라테스는 훌륭한 삶이란 무엇이며 그리고 무엇이 잘 사는 삶인가를 알기 위해서 먼저 “우리 자신이 무엇인지를 알아야 한다”고 말합니다. 그러기 위해서 그는 인간의 정신에 많은 관심을 갖고 있었습니다. “인간이란 무엇이며, 인간은 진정 무엇이 될 것입니까?” 하고 묻곤 했습니다. 우리가 말하는 명예 · 부귀 · 도덕 · 애국심 · 행복 · 쾌락 등은 우리의 삶 속에서 어떠한 의미를 갖는 것일까요? 우리는 자기 자신이라는 말로 무슨 뜻을 나타내고 있을까요? 누구나 행복을 추구할 권리가 있거나 잘살기를 바라는 것은 추상적인 삶 일반을 위해서가 아니라 우리들 자신의 구체적인 삶의 현장 속에서 찾는 것입니다. 그렇기 때문에 우리 모두가 잘사는 것에 관심을 갖는 것은 우리 자신들에 관한 개인적인 관심일지 모릅니다. 어쩌면 이것은 자기 자신에 대한 관심과 걱정 때문일 것입니다.

소크라테스는 만약 우리가 우리 자신을 잘 알지 못하고 지혜롭지 못하다면, 우리 자신을 위해서 무엇이 나쁘고 무엇이 좋은 것인지를 과연 알 수 있겠습니까? 라고 묻습니다. 또한 우리는 무엇이 우리에게 진정 좋은 삶이며, 무엇이 나쁜 삶인지를 알아내기 위해서 우리 자신부터 먼저 알아야 할 자세를 취해야 한다고 말합니다. 그러기에 우리가 일상적인 삶 속에서 추구하는 좋은 삶은 언제나 좋은 마음을 유지하기 위한 것입니다. 예를 들어 아무리 큰 부와 명예 · 권력 등을 모두 성취했다고 하더라도 우리 마음의 상태가 좋지 않다면 당연히 좋은 삶을 얻었다고 할 수 없을 것입니다. 마음을 좋게 하는 것이란, 마음에 좋지 못한 것을 쫓아내고 마음을 온전하게 하는 것일 것입니다.

> "우리가 옴에 걸려서 가려움을 참지 못해 한평생 몸을 긁적거리며 살아가야 한다면, 이것을 행복한 생활이라고 말할 수 있을까요?"

그래서 그는 내면적으로나 외면적으로 언제나 즐거운 마음의 상태를 유지하고 있을 때 행복은 우리 곁에 비로소 쉽게 다가 올 수 있고 그것이 곧 좋은 삶이라고 말합니다. 행복에 대해 우리가 추구하는 목표는 오직 우리 자신들을 아는 것과 탁월함(덕)에 의해서 이룰 수 있다고 했습니다. 왜냐하면 어느 누구라도 본질적으로 나쁜 행위를 의도하지는 않기 때문입니다. 그렇기 때문에 모든 나쁜 행위는 오직 좋은 행위에 대한 고유한 본성의 통찰이 부족한 상태에서 생기는 것입니다. 또한 좋은 것을 아는 것은 좋은 것을 행하는 것을 필연적 결과로서 갖습니다. 소크라테스는 아는 것과 탁월함은 하나라고 말합니다.

소크라테스는 모든 나쁜 행위의 원인을 무지 때문이라고 생각했습니다. 무엇인가에 대해 우리가 그다지 잘 알지 못하기 때문에 나쁜 행위를 행하게 된다는 것입니다. 그러면 잘 몰라서 나쁜 행위를 행한 사람들은 어떻게 해야 할까요? 잘 모르고 행한 행동을 혼내주기만 한다면 그것은 무의미할 수 있습니다. 나쁜 행위에 대해 자기의 잘못이나 무지함을 일깨워주어야 하며 참된 지식을 갖도록 해야 할 것입니다.

그러면 덕Arete이란 무엇일까요? 소크라테스는 덕은 하나라고 말합니다. 소크라테스에게 덕이란 훌륭함이나 탁월함을 의미합니다. 덕은 단지 하나가 아니고 다양하게 존재할 수 있지만, 모두 본래적으로 동일한 것이며 그것이 바로 지식이라는 것입니다. 덕이 제대로 지식과 결합하지 않는다면, 진정한 덕이라 말할 수 없습니다. 소크라테스는 덕이 곧 지식과 일치해야 한다는 것을 설명하기 위해 제화공을 예로 들고 있습니다. 훌륭한 제화공은 당연히 구두를 훌륭하게 잘 만드는 사람입니다. 그러면 훌륭한 구두를 만들기 위해 무엇이 필요할까요? 먼저 구두의 특성과 기능, 방법들을 잘 알아야 할 것입니다. 이와 반대로 훌륭한 구두가 무엇인지 이에 대한 지식을 제대로 갖고 있지 않다면, 구두를 제대로 만들 수 없으며 훌륭한 제화공이 될 수 없을 것입니다.

그래서 그는 항상 덕과 지식을 일치시키기 위해 다이몬Damon의 소리를 듣는다고 말하곤 했습니다. 이 말의 뜻은 신적인 존재 · 신성 · 수호신이며, 내면의 신적인 목소리 · 정신 · 마귀 등을 일컫고 있습니다. 또한 이 소리는 민심의 소리라고 이해하기도 합니다. 다이몬의 소리가 신의 목소리이든 민심의 목소리이든 그리 중요한 것은 아닙니다. 단지 그는 자기 자신을 신들 앞에서 겸허하게 낮추고 삶을 반성적인 자세로 살고자 했다는 데서 그의 행복한 삶과 철학의 참 의미를 되새겨 볼 수 있을 것입니다.

2. 플라톤의 행복한 삶과 철학: 에로스Eros의 본질을 아는 것이 곧 행복이다

• 에로스의 본질을 아는 것이 곧 행복이다

플라톤

현대인에게 행복의 요소 중 하나를 선택하라고 한다면 대게 사랑이라고 말할 것입니다. 왜냐하면 사랑 없이 가족은 물론 더 나아가 이 사회와 국가를 형성할 수 없음은 분명하기 때문입니다. 남녀의 애틋한 성적인 결합 없이는 그 집안의 핏줄은 물론이거니와 그 민족의 종족 또한 계속하여 보존할 수 없기 때문이기도 합니다. 많은 이들에게 사랑받고 관심의 대상이 된다는 것은 사람들을 행복하게 합니다. 그러나 사랑을 주지 않고 단지 요구만 하는 사람은 사랑을 받지 못합니다. 넓은 시각으로 보자면, 사랑을 받는 사람은 사랑을 주는 사람입니다. 그러나 이자를 받고 돈을 빌려주는 것처럼 타산적인 사랑은 무의미합니다. 계산된 사랑은 순수하지 않을 뿐만 아니라 받는 사람도 사랑이라고 느끼지 않기 때문입니다.

우리는 행복의 원천을 사랑이라고 말하는 고대 그리스의 먼 이야기 속에서 그 흔적을 찾아 볼 수 있습니다. 소크라테스는, 에로스란 특별히 지혜와 무지 사이에서 중간위치를 유지하면서 '일생에 걸쳐서 지혜를 추구하는 것'이라고 말합니다. 지혜가 가장 아름다운 것에 속하고 에로스는 모든 아름다운 것에 대한 사랑이기 때문에 에로스는 필연적으로 지혜의 탐구자입니다. 그는 에로스를 무엇보다 지혜라고 말합니다. 흔히 우리가 알고 있는 그리스 어원으로 "sophia(지혜)"와 "philos(사랑하다)"를 합하여 philosophia(철학)가 되었습니다.

우리는 플라톤의 저서 『잔치Symposium』와 『파이드로스Phèrde』에서 행복의 원천이 에로스(사랑)의 안내자로서 나타나고 있음을 볼 수 있습니다. 플라톤의 『파이도로스』에서 행복은 사랑의 욕망이며, 이것은 모든 사람들에게 자명한 것이라고 말합니다. 또한 플라톤은 대화편 『잔치』에서 에로스(사랑: Eros)를 **행복의 원천**이라고 말합니다. 그 까닭은 에로스가 아름다움을 향한 동경이기 때문입니다. 무엇보다 인간에게 행복을 안겨다주는 것은 아름다움이며, 또한 그것은 사랑의 원천이 됩니다. 우리는 아름다움을 추구하는 미적인 삶 속에서 참된 행복을 얻을 수 있다고 말합니다. 행복은 많은 사람들이 욕망하는 대상인 아름다움에 대한 사랑을 통해 이루어질 수 있다는 것입니다. 플라톤에게 아름다움이란 절대 선이나 정의와는 다소 다르게 유일하게 가시적으로 드러나는 절대적인 이데아입니다. 온 인류가 행복에 이르는 길은 남녀의 아름다운 사랑을 완전하게 이루도록 하는 것입니다. 에로스는 단적으로 말해서 "추한 것을 꺼리고 아름다운 것을 선망하는 마음"입니다. 그런데 행복은 정신적인 아름다운 사랑을 통해서 성취될 수도 있지만 남녀의 육체적인 성적 결합을 통해서 훨씬 더 완전하게 이를 수 있습니다. 결혼이라는 의미도 남녀의 완전한 육체적인 성적 결합을 뜻하기도 합니다.

• 육체적인 욕망을 자제하라

플라톤은 아주 재미있는 대화의 문답형식으로 이루어진 『잔치』에서 사랑의 욕망에 관해 여러 시각으로 사람들의 입을 빌려 표현하고 있습니다. 잔치에 참석한 사람들은 사랑에 관해 토론을 시작하였습니다. 의사, 시인, 정치인 등 여러 사람들이 모임에 참석하여 사랑에 관해 자기 나름대로의 주장을 펼칩니다. 각자가 자기가 갖고 있는 소신대로 에로스를 가장 아름다운 신이라고 찬양하는 데 이의가 없었습니다.

먼저 에로스가 이 모임의 주제가 된 것은 그 자리에 참석한 의사인 에릭시마코스Eryximacos가 사랑의 신 에로스에 대하여 찬미하자는 제안에서 비롯됩니다. 그는 에로스를 인간에게서뿐만 아니라 만물 속에서도 발견할 수 있다고 말합니다. 에로스는 "모든 인간적이고 신적인 사물들 속에서 어디서나 자기의 손길을 미치기 때문입니다." 이러한 제안은 곧 받아들여져서 파이드로스Phaidros와 아리스토파네스Aristophanes, 아가톤Agathon, 그리고 소크라테스Sokrates가 그들의 사랑에 관한 이야기를 나눕니다. 파이드로스는 에로스가 신들 가운데서 가장 위대하고 오래된 존재라고 찬양합니다. 그는 헤시오도스의 말을 인용하여 태초의 혼돈상태Chaos 다음에 땅과 에로스가 생겨났다고 주장합니다. 그래서 에로스는 "인간들에게 최대의 덕과 행복을 이끄는 것뿐만 아니라 인간으로 하여금 가장 아름답고 훌륭하게 살 수 있도록 배려해 주는 신적인 존재"로서 묘사됩니다.

플라톤은 이 책에서 주인공 파이드로스의 견해에 대해 파우사니아스Pausanias를 통해 에로스는 무차별적으로 아름다운 존재가 아니라 "천상의 사랑"과 "지상의 사랑"을 구별하여 대응하고 있다고 적고 있습니다. 전자는 혼의 화합 · 정신적 매력에 기초한 사랑이며, 후자는 단지 육체적인 만족을 구하는 사랑이라고 하였습니다. 지상의 사랑은 "부녀자들과 소년들을 가리지 않고 사랑하고 그 다음에는 영혼보다 육체를 더 사랑합니다. 그들의 관심사는 영예스럽거나 그렇지 않건 간에 상관없이 그들의 욕망을 만족시키는 데 있습니다." 천상적인 사랑은 남성적인 것들로 향하고 있습니다. 남성들은 본성상 보다 강력하고 보다 통찰력 있는 것에 기울어지는 경향을 가지고 있기 때문입니다. 그리고 이들은 기만적 수탈을 멀리하면서 보다 성숙한 청소년을 선택합니다. 이를 통해서 강력한 우정과 공동체가 형성됩니다. 여기서 우정과 공동체는 영혼의 아름다움에 근거를 두고 있습니다. 그래서 사랑은 남자끼리의 사이에서만 존재할 수 있으며, 남녀 간의 사랑은 에로스가 관여하는 일로서 그 누구도 알 수 없다고 말합니다.

그는 사랑은 본질상 아프로디테Aphrodite가 주관하는 영역에 속하였기 때문에 여성은 처음부터 플라토닉한 사랑에는 제외되어 있었습니다. 플라토닉 러브는 남녀 간의 정신적 사랑을 의미합니다. 플라톤으로부터 내려오는 이 말의 의미는 지적으로 성숙한 성인에 대한 소년의 정신적 사랑에 가깝다고 하겠습니다. 어쩌면 플라톤이 소크라테스에게 느꼈던 감정도 바로 "플라토닉 러브"에 해당한다고 할 수 있습니다. 그는 먼저 플라토닉 러브라는 것은 오로지 동성애만을 의미한다는 식으로 서술해 갔습니다. 즉 플라토닉 러브는 남녀의 공허한 관념론적인 애정의 표현이 아니라 동성애의 이상을 말하는 것이었습니다. 사랑의 방법은 남녀의 사랑을 장식하는 것에 의존하지 않고, 진실하게 마음의 밑에서부터 사랑하고 있는 자에 의해 자신의 몸과 같이 여겨지고 응대를 받을 만한 것이라고 말합니다.

플라톤은 가문 있는 여자와 사귀지는 않았으나 동성애적인 기질을 갖고 있었다고 합니다. 그리스 사회에서는 동성연애를 하는 것이 자연스럽게 받아들여졌으며, 플라톤이 주로 사랑했던 대상은 동성이었습니다. 그렇다고 플라톤이 여자를 혐오한 것은 아니었습니다. 그는 '테오테이마'라는 여인을 정신적으로 사랑했다고 그의 대화록인 『잔치』는 전하고 있습니다. 플라톤의 『국가론』에서는 여자도 남자와 동등하며, 음악과 체조에 관해서도 훈련을 받고 교육을 받을 수 있다고 강조합니다.

그는 모든 행위가 그 자체로서는 선하지도 악하지도 않으며, 아름답지도 추하지도 않은 이른바 가치 중립적인 것과 마찬가지라고 말합니다. 에로스도 아름답게 사랑하게 하는 에로스는 아름다우며, 세속적인 욕망만을 추구하는 에로스는 저속하다는 것입니다. 그래서 파우사니우스는 시간적 경과 없이 너무나 빨리 사랑을 받아들이는 것, 또는 돈과 권력에 의하여 유혹하고 사랑을 베푸는 것은 추악하지만, 사랑하는 사람에 대한 존경심에서 봉사할 경우에는 비록 노예적인 행위일지라도 아름답다고 규정합니다. 어떤 성적 행위가 추악하거나 아름다운 것이 아니라 그와 같은 마음의 동기에 의하여 결정된다는 것입니다.

파이드로스는 사랑이 그 자체로서 고매하고 아름다운 신적 존재로부터 비롯된 것이라고 보았지만, 파우사니우스는 사랑하는 사람들이 가지고 있는 마음의 동기에 의해서 천상의 사랑을 하기도 하고 지극히 세속적이거나 육체의 욕망에 허덕이는 사랑을 하게 된다고 주장하였습니다. 따라서 천상적인 사랑만이 덕과 지혜를 향한다는 것이며 국가와 개인을 위해서도 역시 최고의 가치를 지닙니다. 이어지는 아리스토파네스의 견해는 아주 재미있게 묘사되고 있습니다. 그는 인간들을 사로잡는 에로스의 매력에 대해서 한 신화를 통해서 묘사합니다.

그는 에로스를 인간의 원초적인 본성에 대한 신화를 바탕으로 설명하고 있습니다. 그에 의하면, 원초적인 상태의 인간은 세 가지 성性을 가지고 있었습니다. 신들의 분노에 의해 최초의 존재의 분리와 두 개의 반쪽의 헤어짐을 이야기하면서 구애기술의 문제를 넘어서고 있습니다. 그는 남성과 여성, 그리고 여기에 또 하나의 제3의 혼성 또는 남녀성anthrogunos/Mannweibliches Geschlecht으로 되어 있다고 밀힙니다. 그 밖에 모든 개별인간은 두 사람의 육신의 모습을 지니고 있었습니다.

여기서 남녀성을 뜻하는 "안드로구노스"라는 낱말은 "아네르(남성)"와 "구네(여성)"의 복합어입니다. 그 당시의 사람들은 등과 옆구리가 온몸에 둘러져 있는 둥근 모습을 하였고, 하나의 머리에 같은 얼굴이 앞뒤로 달려있고 귀는 네 개였으며, 팔과 다리는 각각 넷이었고 두 개의 성기가 달려 있었습니다. 남성은 그 성기가 모두 남성의 것이고 여성은 두 개가 모두 여성의 것이었으나, 제3의 성을 가진 사람은 남성과 여성을 모두 가지고 있었습니다. 즉 예전에 인간은 머리가 둘이고 팔다리가 네 개인 이중인간이었다는 것입니다. 우리는 이것을 원초적인 양성적 인간이라고 부릅니다.

여기서 에로스는 동성애자를 지칭합니다. 동성애란 소년들의 사랑을 넘어서 높은 이상의 보호 아래에 성을 동등화하고 동일화하려는 욕망으로 이해합니다. 남근상의 보호아래에서 여성의 동성애는 여인이 겪는 시련을 타자와의 동등화로 불태우기 위해, 보다 복잡하고, 보다 멀리 있고, 보이지 않는 미로를 택합니다. 한편 여성의 동성애는 남근적 지배나 남성적 힘에 대한 복종으로 향하는 남성적인 돌진과 같은 것은 아닙니다. 사람들은 전후좌우를 마음대로 다닐 수 있었으며 엄청난 힘을 가진 존재였습니다. 그리고 이들은 결국 신들에 대항하여 싸우기 시작하였습니다. 이러한 인간들은 매우 힘이 셌고 올림푸스의 신들을 정복하기 위해 거대한 탑을 건설했습니다.

인간으로부터 공격을 받게 된 제우스는 인간의 문제를 어떻게 처리할 것인가 하는 고민이 생겼습니다. 인간들을 말살하면 신들에게 예배 드릴 존재가 없기 때문에 그는 인간을 절반으로 갈라서 힘을 약화시킬 생각을 하게 됩니다. 즉 이 원초적인 인간들의 오만을 제압하기 위하여 제우스신은 이들을 "두 개의 반쪽으로" 절단하였습니다. 제우스신은 자신의 권력을 보존하고 오만하기 짝이 없는 인간을 벌하기 위해 이들을 둘로 갈라 각각 남자와 여자를 만들어 놓았습니다. 그래서 제우스신은 인간들을 절반으로 분할하여 그 쪼개진 쪽으로 반 조각의 머리를 돌려놓고 갈라진 살 조각을 모아서 꿰매고 그 상처를 보게 하였습니다. 그것은 바로 지금 우리가 갖고 있는 배와 배꼽입니다.

이러한 분할로 인하여 인간은 한 개의 얼굴에 두 개의 귀와 두 개의 팔다리를 갖게 되었습니다. 그 후에 그들은 불행을 걸머진 채로 잃어버린 자신의 반쪽을 찾기 위해 세상을 헤매고 다니면서, 서로를 꼭 부둥켜안고 하나가 되려고 하였습니다. 그들은 하나가 되려고 수없이 시도하나, 자기와 맞는 나머지 반쪽을 발견하는 것이 쉬운 일은 아니었습니다. 그러나 그들은 반쪽을 찾을 경우 아주 기막힌 황홀감에 사로잡히곤 합니다. 서로 잃어버린 반쪽을 찾은 그들은 사랑의 유희를 탐닉하고, 단 하나의 존재가 되기 위해 서로 합치려고 합니다. 이들은 서로 만나게 되면 일은 하지 않고 항상 붙어 있으려고만 했으며, 그 때문에 굶주려서 죽게 되었다고 합니다.

그리고 살아남은 반쪽들은 다른 반쪽들을 찾아서 계속 헤매게 됨으로써 이들의 운명은 비참하게 되었습니다. 이렇게 되자 제우스신은 인간을 불쌍하게 여겨서 그들의 생식기를 앞쪽으로 옮겨주고 다른 반쪽을 찾게 되면 서로 교접할 수 있게 함으로써 안정을 되찾고 다시 생업에 종사할 수 있도록 하였습니다. 그리하여 인간은 지금도 잃어버린 자신의 반쪽을 찾기 위하여 열성적이 된다는 것입니다. 그래서 우리들 중 각자는 한 인간의 반쪽일 뿐입니다. 이러한 사실로부터 이성과 동성으로 나아가려는 이유가 해명될 수 있을 것입니다. 그런데 그리스 신화에서의 에로스는 반드시 동성애적인 것도 아니며 결혼과 모순되는 것도 아닙니다. 여기서도 부부관계는 사랑의 힘으로 나타나고 있으며, 이성적인 관계가 소년과의 관계와 확연히 구별되는 것도 아닙니다. 그 차이는 다른 곳에 있습니다. 결혼의 윤리, 더 정확히 말해서 기혼남성의 성윤리는 그것의 규율을 만들고 정하기 위해서 에로스형의 관계를 요구하지 않았다는 사실입니다.

그리스어에서는 사랑이라는 말을 에로스Eros, 필리아Philia, 아가페Agape, 이렇게 세 단계로 구분하고 있습니다. 에로스라는 말은 그리스 신화에서도 등장하고 있지만, 철학적으로는 플라톤이 처음 사용했다고 합니다. 그의 제자 아리스토텔레스는 에로스라는 말 대신에 필리아로 즐겨 사용했다고 합니다. 에로스의 원래 의미는 감각-본능적 사랑입니다. 필리아는 정신-인격적 사랑을 말합니다. 아가페는 신적-은총에 대한 사랑입니다. 이 사랑은 하느님의 사랑에 참여하는 것으로서 하느님으로부터 인간의 마음에 부여되어 있습니다.

이러한 사랑이라는 낱말은 그리스 신화 가운데에서 아프로디테와 에로스의 이야기에도 찾아볼 수 있습니다. 흔히 에로스는 사랑과 성의 대명사로서 말하고 있지만, 여전히 신비스러움을 간직하고 있습니다. 고대 그리스 신화 속에서 에로스는 **사랑과 성**에 대한 그 당시 인간들의 생각을 포괄적으로 담고 있다고 볼 수 있습니다. 에로스Eros라는 그리스 단어는 "원하다", "부족하다", "염원하다", "없는 것을 욕망하다", "사랑을 요구하다"는 의미를 갖고 있습니다.[5] 다른 말로 에로스란 그리스어에서 성적인 욕망, 또한 이것이 동반된 사랑을 뜻하는 말이었습니다. 그것은 인간의 가장 원초적인 욕망과 거기에 뿌리를 박고 있는 정념으로서의 연애 감정을 가리키는 것이었습니다. 여기서 에로스는 귀족적인 것에 대한 직선적인 것을 추구하는 것이었습니다. 즉 에로스는 카오스와 가이아 사이의 연결로 이해할

아프로디테

에로스

수 있습니다. 신화에서 에로스는 하나가 아니라 다양한 시각들로 존재합니다. 에로스의 다양한 얼굴을 그리기 위해 신화의 이야기들이 변형되고 새롭게 만들어졌듯이, 자신이 만난 에로스를 그려내기 위해 현시점에서도 사랑과 성을 둘러싸고 많은 이야기들이 계속되고 있습니다.

에로스에 관한 플라톤의 견해는 먼저 부정적인 것이었습니다. 에로스는 무엇보다 인간의 육체적인 욕망에 속하기 때문이었습니다. 육체로부터의 해방을 뜻하는 것이라 하여 죽음까지도 재앙이 아니라 축복으로 받아들였던 플라톤에게 성욕이라는 것은 긍정적인 의미가 없었습니다. 그것은 인간의 영혼 가운데 "거칠고 짐승 같은 부분"이며, 수치와 사려를 알지 못하는 맹목적인 충동에 지나지 않는 것이어서 성욕에 사로잡힌 것은 술에 만취한 상태나 미친 상태와 마찬가지로 무정부적이고 무법無法적인 상태에 떨어지는 것을 뜻하였습니다. 성욕이 가지는 이와 같은 방종과 야수성을 표현하기 위해 플라톤은 에로스를 가리켜 영혼의 독재자로 부르기를 주저하지 않았습니다. 에로스가 영혼의 지배자가 될 경우, 영혼을 부자유와 노예상태 속에서 황폐하게 만드는 것입니다. 인간의 영혼은 자신 속의 동물적이고 맹목적인 욕망을 이성적 사유와 분별의 힘에 의해 다스리고 지배될 때, 자신의 본래성을 실현할 수 있습니다.

아테네시대에 아내와 남편들이 일반적으로 서로 떨어져 살았다는 것은, 단지 결혼이 출산의 목적에 국한되었다는 사실로 일부 설명할 수 있습니다. 아테네의 남성들은 통상적으로 성적 욕구의 대상을 다른 곳, 즉 고급 매춘부나 다른 남성에서 찾았습니다. 그러나 그리스 전통에서 플라톤이 표현한 것처럼, 남성 동성애의 활동범위조

차도 한층 깊은 구분이 세력을 떨치고 있었습니다. 사회적으로 동등한 위치의 사람들 사이에서 성을 짝짓는 일은 성교의 방법에서나 허락되는 수준에서나 시민과 노예, 시민과 외국인 또는 시민과 매춘부 사이의 성과 세세하게 차별되었습니다.

• 사랑의 여신(아프로디테)을 숭배하라

우리는 종종 일상적인 의미에서 사랑을 곧 에로스라는 말로 번역하기도 합니다. 에로스는 사랑과 아름다움의 여신 아프로디테(영어: 비너스)의 아들입니다. 에로스의 어머니인 아프로디테는 아름다움의 여신인 동시에 사랑과 아름다움의 화신이라고 불립니다. 그녀는 너무나 아름다워 그리스의 많은 여신들 중에서 가장 아름다운 "미스 그리스"의 진眞 여왕으로 뽑혔습니다.

아프로디테 여신은 거품에서 태어났다고 합니다. 헤시오도스의 『신통기』에 의하면, 땅의 여신 가이아는 만물의 씨앗이 들어 있다는 카오스에서 태어났습니다. 카오스는 아직 질서가 전혀 잡히지 않은 혼돈이라는 뜻입니다. 땅의 여신 가이아는 우라노스를 낳고 자기가 낳은 하늘의 신 우라노스와 결혼하였습니다. 가이아는 여섯 아들과 여섯의 딸을 낳았습니다. 가이아는 몸집이 어마 어마하게 큰 티탄과 커다란 눈이 이마 가운데 하나씩 박혀 있는 키클로프스라는 세 명의 아들을 더 낳았습니다. 또 세 명의 아들을 더 낳았는데 머리가 50개, 팔이 100개씩 달려 있는 헤카톤케이르라는 자식들을 낳았습니다. 가이아가 괴물 같은 자식을 낳자 남편 우라노스는 굉장히 화를 냈다고 합니다. 우라노스는 헤카톤케이르를 땅 속 깊은 곳에 가두어 버렸습니다. 어머니 가이아는 우라노스에게 대들었고 억울해서 참을 수가 없었습니다. 땅의 여신 가이아는 땅 속에 박혀있는 쇠붙이로 큰 낫을 만들고 여섯 명의 티탄들을 불렀습니다. 누가 이 낫으로 아버지의 고추를 잘라버리고 영원히 아버지를 쫓아버리겠느냐고 물었습니다. 힘이 가장 셌던 막내 크로노스가 자기가 하겠다고 자청하였습니다. 크로노스는 아버지 우라노스에게 덤벼들었고, 낫을 휘둘러 고추가 잘려 피가 솟는 상처를 움켜쥐고 우라노스는 달아나 버렸습니다. 그러자 땅과 하늘의 아들 크로노스는 낫으로 아버지의 고환을 꺼내어 바다(지중해)에 던졌습니다. 바다에 던져진 고환은 정액의 거품에 실려 표류하였습니다. 뒷날 그 바다에서 하얀 거품이 일어났는데 그 거품에서 아름다움과 사랑의 여신 아프로디테가 태어났습니다.

그녀는 신과 인간에게서 최고의 신이었던 제우스신의 명령으로 헤파이스토스신과 결혼하였습니다. 헤파이토스는 신들 가운데 가장 못나고 절름발이인 대장장이였습니다. 가장 아름다운 여신인 아프로디테와 가장 못생긴 헤파이스토스는 결혼을 하였으나, 아프로디테의 바람기는 이들의 애정 관계를 순조롭지 못하게 했습니다. 아프로디테는 많은 남성들과 성적인 관계를 가졌습니다. 그녀는 이후 헤르메스와의 정사로 양성兩性을 가진 헤르마프로디토스를 낳았습니다. 그녀는 다시 디오니소스와의 정사로 프리아푸스를 낳았는데 그 녀석은 전형적인 남성상으로 그의 페니스는 영원히 발기상태에 있었다고 합니다. 오리엔트에서는 남성적인 에로스 신은 여성이면서 수염을 기르고 남근이 달린 괴물과도 같은 모습으로 묘사하였습니다.

아프로디테는 사랑의 여신이지만 육체적인 사랑의 여신으로 통했습니다. 이 여신은 하루 동안이라도 육체적인 사랑이 없이는 견뎌낼 수 없었습니다. 이 여신의 유혹에 한번 걸리기만 하면 신이든 인간이든 그 아름다운 여신 앞에서는 견뎌낼 재간이 없었습니다.[6] 그래서 육체적인 사랑의 접촉이 있는 곳에서는 항상 아프로디테가 따라다녔습니다. 이러한 어머니의 피를 이어받아 에로스의 본질도 성적 내지 육체적인 사랑이라고 할 수도 있습니다. "성을 거역하지 말라 그러면 행복은 사라질 것이니." 피는 물보다 진하다고 말할 수 있을까요. 그래서 에로스는 어머니 아프로디테에게서 태어난 성과 결합된 사랑이라는 말입니다. 여기서 성적이란 말은 성적인 욕망을 자극한다는 분위기를 자아냅니다.

• 아름다운 이데아의 사랑이 행복의 원천이다

앞에서 얘기했듯이, 플라톤의 『잔치』에서 에로스는 소크라테스를 비롯한 여러 대화자들에 의해 새롭게 그려지고 있습니다. 플라톤이 저술한 대화편 가운데 가장 아름다운 작품인 『잔치』는 부제를 "사랑에 대하여"라고 붙이면서 사랑에 관하여 대화를 시작하고 있습니다. 비극시인 아가톤B.C. 416~?의 집에서 벌어진 만찬에서 소크라테스를 비롯한 몇몇 사람이 초청되어 사랑에 관하여 진지하게 논의를 합니다. 이 잔치에 참석하였던 아리스토데모스Aristodemos가 아폴로도로스Apollodros에게 나중에 전해준 것을 다시 그 친구에게 이야기해 주는 형식을 취하고 있습니다. 또한 아리스토파네스와 디오티마Diotima가 들려주는 신화 속에 뿌리를 둔 에로스는 그 신화들로부터 근거하고 있습니다. 디오티마는 『잔치』에서 사랑을 다음과 같이 여섯 가지로 구분하고 있습니다.

① 단 하나의 아름다운 육체에 대한 사랑

사랑은 어느 날 사춘기의 영혼에서 나타납니다. 왜냐하면 육체의 아름다움이 사춘기의 영혼을 유혹하기 때문입니다.

② 아름다운 여러 육체의 사랑

지구상의 수많은 인간들은 제각기 아름다움을 간직하고 있기 때문에 단 하나의 존재를 사랑한다는 것은 힘들지도 모릅니다. 인간이 아름다움으로 인해서 한 사람의 육체만을 사랑한다면, 모든 아름다운 육체를 동등하게 사랑해야 하는 것이 마땅할 것입니다.

③ 아름다운 영혼에 대한 사랑

인간이 아름다운 몸을 가진 존재를 사랑한다는 것만으로 행복해질 수는 없습니다. 그래서 아름다움은 시, 음악, 미술 등 예술작품 속에서 나타나는 감수성을 한 영혼을 통해 사랑할 수 있습니다.

④ 아름다운 행동에 대한 사랑

인간은 영웅이나 용기, 도덕성이 뛰어난 사람들을 숭배하려는 경향이 있습니다. 올바른 법과 그 법을 도시국가에 전해주는 자, 위대한 정치인, 입법자들을 사랑해야 합니다.

⑤ 아름다운 예지와 지식에 대한 사랑

올바르게 행동하려면 무엇이 올바른지를 알아야 합니다. 가끔 선한 행동을 실천하는 사람을 예찬하는 것이 아니라 그러한 행동을 하는 사람들을 본받아야 합니다. 위대한 현인들과 학자들은 선이 무엇인지를 잘 알고 있습니다. 철학은 모든 학문을 통합하고 지식과 예지를 조율하는 실천적이고 이론적인 학문입니다. 철학이 가장 아름다움의 표현이고 아름다운 영혼의 행동입니다.

⑥ 아름다움의 이데아에 대한 사랑

이는 단순히 아름다움의 이데아가 아니라 모든 이데아에 대한 사랑입니다. 아름다움이 우리의 시선을 끌면서도 유혹하는 것은 절대선이라는 아주 완벽하다는 가시적인 이미지가 있기 때문입니다.

3. 아리스토텔레스의 행복한 삶과 철학: 잠재적인 능력을 최대한 발휘하는 것이 행복이다

• 행복은 모든 행위의 가장 좋은 목적이다

아리스토텔레스

마케도니아의 작은 마을에서 태어난 아리스토텔레스Aristoteles, B.C. 384~322는 어릴 적에는 집안의 풍족하지 못한 생활 때문에 군인이 되었습니다. 그런데 그는 군인이라는 직업이 자기에게 별로 어울리지 않는다고 생각하여, 델포이로 건너가 자신의 장래에 관해 신에게 계시를 빌었다고 합니다. 그러자 신은 아리스토텔레스에게 "먼저 아테네로 가라. 그리고 철학을 공부하라."는 계시를 내렸다고 전해집니다. 그때 그의 나이가 18세였습니다. 이를 계기로 그는 플라톤의 가르침을 받고 20여 년 동안 그의 문하에서 있었습니다.

다른 일화는 의사였던 아버지의 유산을 모두 다 써버렸기 때문에 생활비를 벌기 위해 아테네에서 의학을 배웠다는 학설도 전해 내려오고 있습니다. 그의 아버지 니코마코스는 의사였을 뿐만 아니라 마케도니아의 어의御醫였습니다. 그뿐만이 아니라 그의 아버지는 의술의 신인 아스클레피오스의 피를 이어받았다는 소문이 파다할 정도로 실력과 의술을 겸비한 의사였습니다. 후세의 학자들은 그가 청년 시절 아스클레피오스 신전에 속한 의료단체에서 활동하였을 것으로 추측하기도 합니다. 어떻든지 아리스토텔레스의 학문은 철학과 의학에서부터 시작하여 다양한 학문의 분과로 자신의 영역을 확장해 나갔습니다. 이러한 아리스토텔레스는 아리스토aristos와 텔로스telos라는 이름으로 연상됩니다. 그리스어로 '아리스토'는 '가장 좋은'이란 뜻을 갖고 있으며, '텔로스'는 '목적'이란 의미를 갖고 있습니다. 그의 철학에서 그는 "가장 좋은 목적을 행복"이라 보고 제일 중요한 요소로 내세웠습니다. 가장 좋은 목적이라는 의미의 이름을 가진 아리스토텔레스는 "세상 모든 사람들이 가장 좋은 목적이란 무엇일까?"라는 문제를 갖고 한평생을 씨름하였습니다.

그러면 아리스토텔레스의 행복한 삶과 철학에 귀를 잠깐 기울여 봅시다. 그는 자신의 유명한 저서인 『니코마코스 윤리학』에서 행복을 다양한 시각에서 말합니다.

> "대다수의 사람들은 행복이나 쾌락이나 부나 명예처럼 명백히 보이는 어떤 것이라 생각합니다. 하지만 많은 사람들은 서로 다른 것을 행복이라고 생각합니다. 때로는 같은 사람들이라 할지라도 경우에 따라서는 다른 것을 행복이라 생각하기도 합니다. 병들었을 때에는 건강을 행복이라고 하며, 가난할 때에는 부유함을 행복이라고 합니다. 그러나 각자의 사람들은 스스로 무지함을 알고 있기 때문에 그것을 이해하지 못하고 커다란 이상을 내거는 사람만을 추앙합니다."

또한 그는 다음과 같이 행복을 정의합니다.

> "우리는 행복 그 자체를 위해 갈망하고 있지 결코 다른 무엇을 위한 수단으로 추구하지 않습니다. 우리는 행복을 모든 것 중에서 가장 바람직한 것이라 생각합니다. 행복은 최종적이고 자족적이며 모든 행위의 목적이 되는 그 무엇입니다."[7)]

이러한 점에서 아리스토텔레스는 인간에게 있어서 가장 바람직한 삶은 "**에우다이모니아**eudaimonia"라고 감히 말하고 있습니다. 그는 인간이 지향하는 궁극적 가치를 "에우다이모니아", 즉 행복한 삶으로 정의하였습니다. 행복은 삶의 의미이며 최종 목적이자 인간존재의 목표이기 때문입니다. "에우다이모니아"의 어원을 좀 더 살펴보면, 영어로 "happiness", 독일어로는 "Glücklichkeit"로 번역되고 있으며, 우리말로는 흔히 "행복"이라고 옮겨서 사용하고 있습니다. 좀 어색한 표현이기는 하지만, "번창하기flourishing"로 번역하기도 합니다.

예를 들어 식물의 번창과 사람의 번창 사이에 유사성을 갖고 있는 것과 같습니다. 즉 번창하는 삶이란 성공적인 삶을 의미합니다. 아리스토텔레스는 "에우다이모니아"라는 단어를 단지 즐겁고 유쾌한 생활이거나 쾌락의 절정에 이른 삶보다도 아주 넓고 심오한 뜻으로 사용하였습니다. 아리스토텔레스는 인간이 가지고 있는 잠재적인 가능성을 자기의 능력을 십분 발휘하고 그것을 실현하는 것을 이상적인 삶의 모습이라고 생각하였습니다. 따라서 그는 그 경지에 도달하는 삶을 "좋은 수호신을 갖는다"는 의미에서 "에우다이모니아"라고 불렀던 것입니다.

행복이란 우리가 전혀 도달할 수 없는 신기루인 것이 아니라 분명히 현실적 삶 속에서 실현이 가능한 것입니다. 다만 아리스토텔레스가 보기에 많은 사람들은 행복이 아닌 것을 행복이라고 여기고 있기 때문에 그와 같은 잘못된 생각을 변화시키기 위해서라도 무엇이 진정한 행복인가를 새로 물어야 하는 것입니다. 예를 들어 감각적이고 육체적인 쾌락도 좋은 것이고, 부유함도 명예도 좋은 것이라고 말할 수 있지만, 가장 좋은 상태는 아닙니다. 재산은 그 자체의 부의 축적에 있는 것이 아니라, 다른 것을 위한 수단으로서만 가치를 지니는 것이며, 명예는 자족적이기보다는 다분히 의존적 수단에 불과합니다. 실례로 정치가나 대중가수 · 탤런트 · 코미디언 · 영화배우 같은 연예인들이 이런 부류에 해당된다고 하겠습니다. 불특정 다수의 일반 대중들의 기호나 취향에 따라 누리는 세속적인 인기라는 것은 그때의 상황에 따라 항상 수시로 변하기 마련입니다. 그래서 행복이 그러한 불확실하고 불완전한 어떤 일시적인 것을 추구하는 것이라 생각할 수는 없을 것입니다. 오직 많은 대중들의 인기에만 사로잡혀서 항상 변화무쌍한 상황에 불안하게 사는 것이 진정 행복한 삶일 수는 없기 때문입니다.

• 공동체의 사회적 실천에서 행복을 느낀다

아리스토텔레스는 가장 좋은 행복이라고 말하는 것은 아마도 누구나 잘 알고 있을 것이라고 말합니다. 행복이란 과연 무엇일까요? 그래서 그는 인간의 삶 속에서 행복과 탁월함이란, 인간 자신에게 맡겨진 고유한 일이라고 합니다. 이는 자기에게 어울리는 일을 탁월하게 수행하였을 때, 비로소 행복한 상태라고 말할 수 있습니다. 단지 먹고 마시는 영양 섭취의 기능은 동물이나 식물에게도 볼 수 있기 때문에 인간에게 고유한 기능은 아닙니다. 다시 말해서 그는 인간의 행복은 인간이 갖고 있는 고유한 일과 소질로서 이성의 능력을 완전하게 발휘하고 실현하는 데 있다는 것입니다.

그의 저서의 여러 곳에서 아리스토텔레스는 인생의 궁극적인 목적은 행복이라고 말합니다. 그러면 무엇이 진정한 행복일까요?

첫째로 쾌락이 행복이라는 의견입니다. 그러나 쾌락이란 노예나 짐승의 목적이 될 수 있을지 모르나 이성적 존재로서 인간의 궁극적인 목적이 될 수 없다는 것입니다.

둘째, 명예가 곧 행복이라는 관점입니다. 그러나 명예란 그것을 받는 사람보다 주는 이에게도 달려 있는데, 그와 같이 가변적이고 우연적인 것을 행복 즉 인생의 목표로 볼 수 없습니다.

셋째, 탁월성[德]이 곧 행복이라는 견해입니다. 여기서 아리스토텔레스가 말하는 탁월성은 그리스어로는 습관과 성격 · 가능성 · 능력 등을 의미합니다. 탁월성은 우리의 내부에 있지만 그것은 여러 상태를 체험할 수 있는 능력에서 유래하는 것이 아닙니다. 또한 본성적으로 우리 내부에 깃들여 있는 능력에서 유래하는 것도 아닙니다. 왜냐하면 우리는 여러 성격을 갖고 제각기 다르게 태어나기는 하였지만, 좋거나 나쁜 성격이 우리가 본래부터 갖고 있는 본성은 아니기 때문입니다. 식견이 있는 사람이라면 탁월성이 쾌락이나 명예보다는 행복에 가까움을 인정할 것입니다. 그러나 탁월성도 그 자체로 행복이 될 수는 없습니다. 왜냐하면 탁월성은 잠재력이기 때문에 전혀 발휘되지 않을 수도 있고, 탁월성을 많이 가지고 있음에도 불구하고 비참한 생애를 보내는 예가 많기 때문입니다.

넷째, 경제적인 부, 즉 재산을 행복과 동일시하는 실업가의 견해에도 찬성할 수 없습니다. 재물은 그 자체가 목적이 아니라 다른 것을 위한 수단이기 때문입니다.

다섯째, 좋은 것[善]의 이데아가 인생의 최고의 목적이라고 보는 플라톤의 견해에 동의하지 않는 것입니다. 설령 선의 이데아가 이 세상 어딘가에 있다 하더라도 이 지상에서의 실천생활에 있어서는 아무 소용이 없습니다.

그러면 아리스토텔레스는 행복을 무엇으로 규정하고 있을까요? 그는 행복을 어떤 정지된 상태로 보지 않고 활동하는 과정 그 자체로 믿는 까닭에 독특한 결론을 이끌어 내고 있습니다. 우리가 흔히 말하는 "행복하다"라는 의미는 쉽게 말해서 "잘산다는 뜻"이요, 잘산다 함은 "잘한다"는 뜻입니다. 어떤 순간에 있어서 행동을 잘하면 그것이 합하여 보다 좋은 삶을 형성할 것이요, 유감없이 잘살면 그것이 곧 행복이 아니냐는 생각인 것 같습니다.

그렇다면 "잘한다 함"은 어떻게 함을 가리키는 것입니까? 노래를 잘한다, 피아노를 잘한다, 요리를 잘한다, 운동을 잘한다라는 말로 알 수 있듯이, "잘한다 함"은 행위자가 자기의 기능을 충분히 잘 발휘함을 가리킵니다. 각 개인은 그 처지와 직책에 따라서 그 기능이 서로 다를 수 있습니다. 양복재단사는 재단사로서의 기능을 잘 발휘함이 그 기술자로서 잘하는 것이요, 학생은 공부를 열심히 하거나 자기의 소질을 개발하여 미래를 대비하는 교육을 받는 것이 잘하는 것이요, 운전사는 차를 잘 모는 것이 잘하는 것이 될 것입니다. 그러나 우리는 재단사나 운전사가 되기 이전에 하나의 인간입니다. 그러므로 인간으로서 잘 살기 위해서는 어떤 특수한 기능을 잘 발휘하기보다는 인간으로서의 기능을 잘 발휘해야 할 것이며, 인간으로서의 기능이 잘 발휘되는 곳에 인간으로서의 행복이 있다고 해야 할 것입니다.

아리스토텔레스의 행복이란 모든 개인이 자신의 행위를 통해 실현하고자 하는 것입니다. 하지만 행복은 모든 사람에게 공통적인 가치를 의미하지는 않습니다. 행복은 윤리적인 관점에서 보면, 개인이 **공동체 속에서 사회적 실천**을 통해 획득될 수 있는 자족自足 autarkeia을 의미합니다. 또한 행복은 외부의 자연이나 어떤 우연한 경우 주어지는 것이 아니라 사람들이 자기 자신을 염려하고 의도적인 행위를 함으로써 얻어지게 됩니다. 아리스토텔레스는 국가는 선善을 목적으로 하는 공동체라고 말합니다. 국가의 선이란 단순하게 생존만을 의미하지 않고 모든 국민의 선을 추구해야 합니다. 국민의 선을 추구한다는 것은 인간으로 누려야 할 행복한 삶을 추구한다는 것을 뜻합니다. 이는 현대적인 의미에서 국가라는 공동체는 일부 권력자나 통치자들만의 복지가 아니라 모든 국민의 복지를 목적으로 해야 한다는 것입니다. 아리스토텔레스는 개인의 이익을 목적으로 통치하는 국가는 올바르지 못한 정부라고 다음과 같이 말합니다.

> "모든 학문과 기술에서 하는 것은 선입니다. 모든 기술과 학문 가운데 가장 권위 있는 것, 즉 정치학의 기술과 학문에서 목적으로 하는 선이 가장 좋은 선입니다. 정치학 분야에서 선은 정의正義이며, 정의는 공익을 증진하는 데 있습니다."

행복은 공동체적인 실천을 통해 얻어지는데 이것이 곧 덕arete이자 정의입니다. 그는 정의를 공동체의 고유한 덕이라 규정하면서 덕이 없는 상태는 정의가 부정의不正義한 상태라 말합니다. 아리스토텔레스는 개인이 올바른 삶에 관해서 일반적으로 적용할 수 있는 규칙을 제시할 수 없기 때문에 정의의 원칙은 **구체적인 생활**로부터 도출되어야 한다고 주장합니다. 따라서 정의는 하나가 아니라 다양한 방식으로 나타납니다. 왜냐하면 아리스토텔레스는 사람들이 재산을 균등하고 평등하게 가져야 한다고 생각했습니다. 재산이 균등하지 않아 개인의 빈부격차가 생겨나면 사람들이 서로 갈등하고 다투기 때문입니다.

> "사람들은 끊임없이 더욱 많은 것을 원합니다, 왜냐하면 욕망의 본성은 무한하며 대부분의 사람들은 그것을 충족시키기 위해서만 살기 때문입니다. 그러므로 그런 상황에서 벗어나기 위해 더 나은 출발점은 재산을 평등하게 분배시키기보다 우월한 본성을 가진 사람들에게 더 많은 것을 요구하지 않도록 가르치는 것입니다."

아리스토텔레스의 행복한 삶과 철학에서 정의론의 핵심은 두 가지로 요약됩니다. 첫째, 정의는 목적론에 근거합니다. 이는 사회적 행위의 **텔로스**telos: 목적, 목표, 본질를 이해할 때 가능합니다. 둘째, 정의는 영광을 안겨다 준다는 견해입니다. 어떤 행위의 텔로스를 이성적으로 판단하거나 논한다는 것은, 적어도 어느 정도는 그 행위가 어떤 미덕에 영광과 포상을 안겨 줄 것인가를 추론하거나 논의하는 것입니다.

정의는 간단히 말하자면, 개인의 선을 공동의 선으로 전환시킬 수 있는 삶의 원칙이라 할 수 있습니다. 아리스토텔레스에게 있어서 정의는 윤리적인 관점에서 일차적으로 올바로 행위 한다는 정행正行을 의미하고, 불의는 올바로 행위하지 않음을 뜻합니다. 그는 정의의 원칙을 "불의를 행함과 불의를 당함 사이의 중용"으로 규정합니다. 아리스토텔레스는 정의란 **"각자에게 마땅히 받아야 할 것을 주는 것"**을 뜻합니다. 그런데 무엇이 마땅히 받아야 하는 것입니까? 능력이나 자격의 근거는 무엇일까요? 이는 분배되는 것이 무엇인가에 달려 있습니다. 정의에는 두 가지의 요소가 있습니다. 하나는 분배 대상과 그것을 분배받을 사람이고 다른 하나는 평등한 사람들에게 평등한 대상들이 분배되어야 한다는 것입니다. 그래서 그는 정의를 보상적 정의와 분배적 정의로 구분합니다.

보상적 정의는 너무 많이 가진 사람에게 일정 양을 빼앗아 적게 가진 사람에게 되돌려 줌으로써 훼손된 평형상태를 복원하는 것을 뜻합니다. 보상적 정의는 불의를 행한 자의 사회적 신분과 행위의 도덕적 성격을 고려하기보다는 오히려 실행된 불의를 시정하는 데 초점을 맞추고 있습니다. 그러면 "눈에는 눈, 이에는 이"로 표현되는 복수의 원칙이 항상 정의로울까요? 그는 도덕적 행위의 주체인 구체적인 인격을 배제하는 복수의 원칙이 항상 정의로운 것은 아니라 말합니다. 불의를 당한 것을 똑같이 복수한다는 것은 부정적 의미로 이해되고 있는 보상적 정의가 공동체의 질서를 파괴할 수 있다는 인식에서부터 출발합니다. 그래서 그는 보상적 정의를 공동체적 선의 교환에서만 국한할 것을 제안합니다.

분배적 정의는 평등한 시민들의 지배관계에 의해 분출되는 불평등을 극복할 수 있는 방법으로서 근본적으로 **정치적 정의**입니다. "공동체 구성원들 사이에 명예와 재산 또는 다른 것들을 나눌 때 분배적 정의가 드러납니다. 그런 것을 분배할 때 사람들은 다른 사람들의 몫과 동등하거나 동등하지 않은 몫을 받을 것이기 때문입니다." 분배적 정의는 "누가 정당한 몫을 받을 가치가 있는가?"를 결정하는 법칙으로 기능합니다. "분배에 있어서는 공과功過를 근거로 정의가 결정되어야 하는데 모든 사람들이 동의합니다. 그럼에도 모두가 공과의 기준을 똑같이 인정하지는 않습니다. 그 기준으로 민주주의자들은 자유로운 신분을, 과두 정치 독재자들은 부와 간혹 출생을, 귀족주의 정치인들은 덕이나 탁월성을 내세웁니다."

• 잠재적 능력을 최대한 발휘하는 것이 행복이다

무엇이 좋은 것이냐? 라는 물음에 아리스토텔레스는 항상 "**인간이 잠재하는 기능을 잘 발휘함**"이라고 대답합니다. 그러나 인간이 가진 모든 기능을 무차별하게 발휘함을 좋은 것으로 보지 않고, 이성이라는 특수한 기능의 발휘를 좋은 것으로 단언함에 있어서 그는 기능 가운데 높은 것과 낮은 것의 척도를 전제하고 있다는 비판이 있을 수 있습니다. 그리고 이성이 가장 높은 기능이요, 인간적 활동의 극치가 진리의 명상에 있다는 신념은 하나의 인생관일 뿐 명백한 진리, 즉 어떤 사실을 밝히는 정확한 판단은 아닐지 모릅니다. 그러면 인간으로서의 기능은 어떤 것이 있을까요?

아리스토텔레스는 인간이 수련을 통해서 발휘할 수 있는 기능을 세 가지로 우리에게 전하고 있습니다. ① 영양과 생식의 기능, ② 감각과 욕구의 기능, ③ 이성과 지성적 사유의 기능이 그것입니다.

이 세 가지 기능 가운데서 ①, ②의 먹고 마시는 영양섭취의 기능이나 감각과 운동의 기능은 식물과 동물에서도 볼 수 있습니다. 따라서 ①, ②의 기능도 인간의 고유한 기능이 아니라고 할 수 있습니다. 그는 섹스와 먹고 마시는 것의 쾌락만을 추구하는 사람들은 자신들을 가축의 수준으로 끌어내린다고 생각했습니다. ③의 이성과 지성적 사유 기능만이 인간 특유의 것으로 인간을 인간답게 한다고 말하고 있습니다. 다시 말해서 그는 이성과 사유만을 사람을 사람답게 하는 참된 기능으로 인정하고 있다는 점입니다. 이런 맥락에서 그는 사유를 본업으로 삼는 이성의 기능을 유감없이 잘 발휘함이 인간으로서 좋은 삶이요, 가장 만족한 삶이며, 그것으로 인간의 궁극적인 행복에 도달한다고 믿었던 것입니다. 다른 어떤 동물보다도 인간을 월등하게 인간이 되게 함이 이성의 기능이라면, 인간에게 고유한 것은 이 이성에 따르는 생활이라고 아리스토텔레스는 말합니다. 이러한 생활이야말로 가장 행복한 생활이라는 것입니다.

결국 그에게 참된 행복이란 우리의 이성이 고유한 기능을 잘 실현하였을 때 이루어집니다. 따라서 이성적 정신이 온전히 실현되고 발휘되는 것이 우리에게 가장 좋은 상태라고 할 수 있으며, 이것이 행복한 상태라고 말할 수 있습니다. 그렇지만 단순히 추상적이고 이성적인 노력을 통해서만이 아니라 구체적인 삶 속에서 실천을 통해서 인간의 행복은 이루어질 수 있습니다.

4. 에피쿠로스의 행복한 삶과 철학: 정신적 쾌락이 진정한 행복이다

• 정신적 쾌락이 진정한 행복이다

에피쿠로스

소크라테스나 아리스토텔레스가 인간의 정신을 최고로 발휘하는 행복관을 얘기했다고 한다면, 에피쿠로스Epikuros, B.C. 341~270는 쾌락을 인간의 진정한 행복으로 삼았습니다. 에피쿠로스는 이오니아의 사모스섬에서 태어났습니다. 그의 부친은 그리스 본토에서 이주해 온 이주자로서 농업에 종사한 인물이었습니다. 에피쿠로스는 양친 밑에서 단조롭고 소박한 생활을 하였습니다. 그에게는 세 명의 형제가 있었는데, 그들 모두가 나중에 그의 제자가 되었습니다. 30세 이후에 에피쿠로스는 제2의 고향이라고 할 수 있는 아테네에 이주하였습니다. 그를 따르던 많은 제자들은 그를 좇아 소아시아에서 아테네로 이주하였습니다. 제자들은 돈을 모아 에피쿠로스에게 조그만 땅을 사주었습니다. 그곳에서 집과 공동으로 사용할 강당이 세워졌고 또한 깨끗한 정원이 만들어졌습니다. 따라서 그는 '정원의 철학자'라고도 불리고 있습니다.

에피쿠로스의 일상생활은 검소하였습니다. 식사 때 나오는 음식은 보통 빵과 물, 그리고 자택의 채소밭에서 딴 과일과 콩 종류가 전부였다고 합니다. 그러나 가끔씩 우유와 치즈가 식탁에 오르내리기도 했다고 합니다. 어쨌든 그는 "빵과 물만 있으면 신도 부럽지 않다"고 말하였습니다. 그 이상의 욕심은 쓸데없는 욕심이며 고통만을 가져다 뿐이라고 말합니다. 제자들은 이러한 스승의 검소한 생활을 본받았습니다. 이런 태도로 인해서 에피쿠로스는 따르는 제자가 많았고 동시에 제자들에게 많은 존경을 받았으며 많은 제자들이 그를 신처럼 섬겼습니다. 제자들의 부인과 노예들, 많은 일반 여인들까지도 모두 에피쿠로스 강좌의 청강생이 되었습니다.

제자들에 의해 정원의 공동체가 만들어진 이후에 에피쿠로스는 자기의 뜻과는 무관하게 많은 풍문에 시달려야 했습니다. 수많은 매춘부를 애인으로 삼았다든지, 너무 먹어 하루에 두 번씩 토했다든지 하는 등의 이상한 소문들이 철학공동체 주변을 떠돌아 다녔습니다. 영어사전에서 epicure라는 단어는 에피쿠로스의 이름에서 비롯된 식도락가를 의미합니다. 그는 욕망의 만족을 통해 생겨나는 쾌락이 행복에 도달하는 방법이라고 주장하였습니다. 이는 오늘날 현대인들이 생각하는 행복관과 유사한 점이 많습니다.

에피쿠로스의 행복관은 육체적 쾌락의 맥락에서 본다면, 현대의 물질만능주의를 최고의 덕목으로 여기는 자본주의 내지 신자유주의의 행복관과도 비슷한 측면이 있다고 하겠습니다. 많은 사람들은 이성의 우위를 얘기하고 육체적 감정을 멀리해야 한다고 말하고 있지만, 육신의 몸속에서 늘 꿈틀거리는 육체적 쾌락은 예나 지금이나 크게 바뀌지 않았습니다. 어쩌면 현대의 눈부신 과학기술의 발달로 인해 육체적 쾌락은 더 극치에 도달했다고 해도 과언이 아닙니다. 우리는 태어나면서부터 본능적으로 쾌락을 추구하고 고통을 멀리하려고 합니다. 선이라는 것도 쾌락을 많이 주는 것에 지나지 않는 것이며 악은 고통을 주는 것에 불과한 것이라고 흔히 말합니다. 그래서 사람들은 예나 지금이나 고통은 될 수 있는 대로 줄이려고 하며, 가능한 한 육체적인 쾌락을 많이 얻는 것이 선하며 좋은 삶이라고 말합니다. 이러한 측면에서 에피쿠로스는 쾌락주의자라 불립니다. 많은 사람들은 쾌락을 축적함으로써 행복을 얻을 수 있기 때문에 쾌락을 추구한다고 말하곤 합니다. 여기서 쾌락이란 고대 그리스의 어원을 지닌 쾌락주의에서 나왔습니다. 인간은 삶의 쾌락을 맛보고 매순간 좋은 시간을 향유하도록 힘써야 합니다. 이러한 삶의 태도는 에피쿠로스의 가르침을 담고 있는 유명한 격언 "카르페 디엠Carpe diem", 즉 "열매를 따듯이 하루하루를 사시오"에도 나타납니다.

• 고통 없는 쾌락이 진정한 행복이다

에피쿠로스는 학문이나 도덕이라는 것도 그 자신을 위해서 해야 하는 것이 아니라, 쾌락을 얻기 위한 수단에 지나지 않는다고 말합니다. 에피쿠로스는 쾌락의 종류를 고통을 수반하는 쾌락과 고통을 수반하지 않는 수동적 쾌락으로 나누어 말합니다. 그는 고통을 수반하지 않는 쾌락을 진정한 행복이라고 보았습니다. 과음이나 지나친 성적 쾌락은 일시적인 만족감을 가져다 줄 수 있지만, 결국에는 건강을 해치기 때문에 고통을 수반하는 쾌락이기 때문에 행복이 될 수 없다고 말합니다. 참된 쾌락이라는 것은 맛있고 즐겨 먹고 있는 음식과 같은 개개인의 육체적인 쾌락이 아니라 일생을 통해서 궁핍하거나 불만스럽지 않는 편안한 상태를 유지하는 것이라고 말합니다. 그는 마음의 기쁨은 육체적인 쾌락보다 훨씬 고상하고 미묘한 맛이 난다고 했습니다. 왜냐하면 육체는 현재에 구속되고 속박되지만 정신은 과거와 미래에도 즐길 수 있기 때문입니다. 그래서 그는 육체적 쾌락보다 정신적 쾌락인 마음의 평정 상태를 중요시하였지만, 쾌락이라는 낱말로 많은 사람들에게 시선을 집중시켰습니다.

에피쿠로스의 행복관은 문자 그대로 "**쾌락이 진정한 선이요, 쾌락의 효용 때문에 가치가 있다**"는 주의입니다. 그에게서 쾌락은 축복받은 삶의 처음이자 마지막이라고 말합니다. 이는 개인의 쾌락, 즉 행복을 얻는 수단을 연구하는 것입니다. 그는 쾌락은 유일한 선이며, 고통은 유일한 악이라고 말합니다. 에피쿠로스의 제자인 토르코투스Torquatus는 쾌락과 악에 대해 다음과 같이 말합니다.

> "모든 동물은 태어나자마자 쾌락에 대한 욕구를 가지며 쾌락을 최고 선으로서 즐기며, 반면에 고통은 최고 악으로서 거부하며 가능하면 피하려고 합니다. 동물은 자신의 본성이 파괴되지 않는 한 그런 식으로 행동합니다. 즉 자연Natura 자체의 흠이 없고도 온전한 판단에 따라 행동합니다."

여기서 쾌락만이 실제적인 선이고 고통은 악이기 때문에 감각이란 모든 선과 악의 진정한 장소입니다. 그의 모든 내면적인 삶이 감각에 바탕을 두고 있다는 일종의 감각주의로 여겨집니다. 감각에는 선도 악도 없고, 죽음은 감각의 부재입니다. 즉 죽음은 감각의 소멸이므로 죽음에는 어떠한 고통도 있을 수 없고 죽음 이후에는 더더욱 그러합니다. 그리하여 그는 "악과 고통이 가장 공포스러운 것이고, 죽음은 아무 것도 아니라고 말합니다. 우리가 현재 생존하는 이상 죽음은 존재하지 않고, 죽음이 찾아오면 우리는 더 이상 살아있지 않다."는 말을 전하고 있습니다.

• 아타락시아: 마음을 평정하게 다스려라

에피쿠로스에게 "그대는 내일이면 죽을지니 먹고 마시고 즐겨라"라는 격언이 그 자신의 신조는 아니었습니다. 쾌락은 욕망을 충족하였을 때 얻어지는 것이지만, 육체적인 쾌락은 일시적이며 불쾌감을 가져다주기도 합니다. 예를 들어 과음이나 과식, 지나친 성적 쾌락은 일시적인 만족감을 줄 수 있을지 모르지만, 건강을 해치기 때문에 고통을 수반하는 쾌락입니다. 그 반면에 격조 높은 우정이나 친밀한 대화로 자연스럽게 맺은 관계는 그 자체로 즐거움을 주기 때문에 진정한 의미의 쾌락이라고 할 수 있습니다. 이러한 상황에 한층 고조되거나 즐겼을 때 우리는 행복해질 수 있습니다.

따라서 슬기로운 쾌락주의자는 무턱대고 모든 육체적 쾌락을 취하지 않으며, 지성에 의하여 쾌락과 고통을 비교하거나 선택함으로써 영속적인 쾌락을 추구하는 것입니다. 진정한 마음을 흔들리게 하는 쾌락의 추구가 아니라 마음이 안정된 상태에 있는 것입니다. 이러한 경지는 흔히 아타락시아ataraxia=마음의 평정라고 불렀습니다. 이는 소박하고 검소한 삶 속에서 어떤 욕망에도 흔들리지 않으며 고통이 없는 상태를 의미합니다. 현실적으로 인간의 영혼을 동요시키는 불안과 열정과 과도한 욕망이 고통을 가져다주며 행복을 방해합니다. 이런 점에서 에피쿠로스주의는 "숨어서 살라"는 신조 아래 속세를 떠나 검소한 생활을 즐겼습니다. 따라서 그의 쾌락주의는 겉 무늬만 쾌락주의일 뿐 검소하고 모질게 살 것을 강조하는 철저한 금욕주의라고도 하겠습니다. 그의 행복관은 다음과 같이 표현할 수 있습니다.

$$행복 = \frac{성취}{야망}$$

흔히 쾌락은 육체적인 감각을 통해서 얻을 수 있는 만족감을 의미하며 일정한 기간 안에 정신적으로 누리는 즐거운 마음의 상태라고 할 수 있습니다. 그러나 행복은 항상 합리적인 인생의 계획에 따라서 기계처럼 이루어져야 합니다. 따라서 행복은 삶의 목표를 실현하는 과정에서 나타나는 지속적인 경험의 부분이기 때문에 어떤 최고의 목적에 도달하기 위한 수단적 가치가 아니라 수단과 목적이 서로 나누어질 수 없는 궁극적인 가치인 것입니다.

후에 서구의 근세사상에서 에피쿠로스의 쾌락주의는 J. 벤담이나 J. 밀 등 공리주의자들의 양적인 쾌락과 질적인 쾌락으로 행복이라는 말과 자연스럽게 연결시켰습니다. 현재 쾌락이라는 말은 중립적인 의미로 사용하기도 하고 행복이라는 말과 서로 교환가능하기도 합니다.

5. 스토아Stoa학파의 행복한 삶과 철학: 자연법칙에 따르는 삶이 진정한 행복이다

• 자연법칙에 따르는 삶이 진정한 행복이다

헬레니즘 시대에서 고대 후기에 이르는 철학사조인 스토아학파는 서양철학사에 큰 영향력을 행사해 왔습니다. '스토이크(금욕적)'라는 단어는 스토아학파를 어원으로 합니다. 이 학파의 창시자는 크리튼의 제논Zenon von Kriton으로 알려져 있으며 그의 제자 클레안테스Kleanthes, 크리시포스Chrysippos가 초기의 학파를 이어갔습니다. 중기에는 파나이티오스Panaitios, 포세이도니오스Poseidoios, 후기에는 정치가 세네카Seneca, 노예 신분이었던 에픽테토스Epiktetos, 황제 마르쿠스 아우렐리우스Marcus Aurelius 등이 활약하였습니다. 스토아학파는 이 학파의 창시자로 알려져 있는 제논이 아테네의 아고라 광장을 거닐면서 철학을 가르친 데에서 유래합니다. 스토아stoa란 **돌기둥**을 뜻하고 아고라는 아테네 시민들이 생활하는 중심지였습니다. 이곳은 시장이 열리고 의회와 법정이 있던 곳입니다.

초기의 스토아학파는 물체적 · 물질적 실체 이외에는 아무것도 실재하지 않으며, 현자들의 행동같이 덕 있는 행동만이 영혼으로부터 고통과 정념을 덜어줄 수 있다고 말했습니다. 스토아학파는 모든 존재는 물체이고 물체가 아닌 것은 존재하지 않는다는 유물론적 입장을 견지했습니다. 그들은 정신, 신, 영혼들도 물체라 보았습니다. 세계는 신의 육체이고 신은 세계의 영혼입니다. 신은 물질을 능동적으로 형성하며 물질 속에 내재하고 있습니다. 이는 곧 물질과 결합되어 있는 이성logos입니다. 그리고 그들은 신의 이성이라 부르는 **이법理法**에 의해 우주는 합목적적인 질서와 조화를 이루고 지배하고 있다는 자연학설을 바탕으로 실천적 지혜를 주장했습니다. 이러한 스토아학파의 사상은 곧 범신론汎神論이라 말할 수 있습니다. 스토아학파의 행복관은 인생의 목적이 자연에 거스르지 않고 순리에 따라 생활해야 한다고 강조합니다. 그들은 행복의 목적에는 정해진 **자연 질서에 순응**하자는 운명론이 크게 자리 잡고 있습니다. 이 세계는 정해진 질서에 따라 미리 예정되어 있고 우리는 이를 피하거나 거부할 수 없습니다. 이를 운명이라 부르며 정해진 질서는 곧 자연의 법칙입니다. 때문에 행복이란 자연의 법칙에 순응하고 이성에 따라야 하며 감정, 욕망, 격정에서 벗어날 때에 이루어집니다.

"자연의 법칙에 따르라. 자연적인 삶이 덕스러운 삶이요, 덕스러운 삶에서 행복을 느낄 수 있다."

우리는 자연과 일치하며 자연보다 더 높은 영역은 없기 때문에 우리가 죽을 때 다른 곳으로 간다는 사실에 대해 의문의 여지가 없게 되었습니다. 우리는 누구나 자연으로 되돌아갑니다. 스토아학파의 행복관이 주목을 받은 이유는 이러한 믿음을 갖고 윤리학을 발전시켜 나갔기 때문입니다. 자연은 이성적 원리를 통해 지배하기 때문에 이 원리를 변화시킬 수도 없고 변화시키려고 해서도 안 됩니다. 이를테면 자연은 이성적인 존재로서 신인 것입니다. 특히 자연은 인간의 본성을 파악하는 것이었습니다. 그리고 이러한 작업은 동물계 전체의 이해와 그 안에서 인간이 차지하는 특별한 위상에 대한 이해를 하는 것입니다.

• 아파테이아apatheia: 흔들림 없는 마음을 가져라

자연의 생활은 곧 이성의 생활이며 최고선입니다. 이성은 우주 속에 포함된 로고스이며 우리들의 본성 속에 포함된 법칙입니다. 이 본성에 순응한다는 것은 곧 이성에 따른다는 것을 의미합니다. 이성의 힘에 의해 정욕과 격정의 번뇌에서 벗어나 외부세계의 자극에 의해서도 흔들리지 않는 **부동심**不動心, apatheia, 즉 정념에 좌우되지 않는 이성이 스토아학파의 도덕적 이상이었습니다.

이러한 상태에 도달하려면, 어떤 사건이 발생한다고 해도 인간의 타고난 본성인 이성logos을 발휘하여 정념으로 인해 요동치고 있는 마음을 안정시켜야만 합니다. 이를테면 어떠한 불미스럽거나 불행한 사건이 발생한다고 할지라도 사건을 바라보는 자신의 생각을 통

에피쿠로스와 스토아학파

	에피쿠로스 쾌락주의	스토아 학파 금욕주의
표어	평온한 마음 아타락시아	아파테이아 정념(情念)이 없는 마음
행복관	고통 없는 상태와 지속적인 쾌락	이성(=자연)을 따르는 삶

제할 수 있는 사람이 되어야 하는 것입니다. 예컨대 도로에서 우연히 교통사고가 발생했을 경우, 우리가 선택할 수 있는 것은 두 가지 정도일 것입니다. 첫째, 자연의 법칙에 따라 일어나기로 예정되어 있던 사고가 예정대로 발생한 것으로 생각하는 것입니다. 그래서 이 교통사고를 담담하게 수용하여 보험처리 등으로 상대방과 교통사고를 원만하게 해결하고자 하는 태도입니다. 둘째, 재수 없게 사고가 났다고 계속해서 화를 내는 경우입니다. 당연히 우리의 의지로 이미 일어나기로 결정되어 있었던 교통사고를 화를 내고 짜증을 낸다고 하여 피할 수는 없었습니다. 따라서 교통사고를 대하는 자신의 태도를 변화시켜 교통사고를 수용하는 것이 행복한 삶을 위한 현명한 선택일 수 있습니다. 말하자면 이성으로 자연법칙을 깨닫고 그에 따라 일어나는 사건들을 의연하게 받아들이는 덕스러운 태도입니다.

스토아학파는 이성을 통해 정념을 억제하고 **세계시민주의** Kosmopolitanism를 확대해 나갔습니다. 세계는 우리의 도시이며 모든 인간은 시민이라는 것입니다. 모든 인류는 세계적 이성의 일부로서 종족, 혈통, 빈부, 귀천에 관계없이 이성적 공동생활을 영위해야 한다고 그들은 주장했습니다. 세계시민주의는 자신의 헌신을 통해 자신이 속한 공동체와 전 인류에로 확대할 것을 주장합니다. 왜냐하면 행복한 개인은 나 혼자만이 아니라 친구, 부모 그리고 인류와 우주에 속해있기 때문입니다. 이러한 관계를 주시하고 잘 수용하는 자세야말로 우리를 행복하게 만들며 이 세계가 만들어진 목적에 맞는 것입니다. 이러한 스토아학파의 세계시민주의적 행복관은 로마제국의 정치적 세계주의 사상과 그리스도교의 종교적 세계주의 사상에 많은 영향을 끼쳤습니다.

6. 디오게네스의 행복한 삶과 철학: 자연적 삶이 행복이다 -개처럼 살라-

• 알렉산더 대왕과의 만남: 햇빛을 가리지 마시오

디오게네스

디오게네스Diogenēs, B.C. 412~325는 생전에 이미 많은 일화를 남겨 놓은 사람 중 한 분이었습니다. 디오게네스의 전해져 내려오는 이야기는 개의 생활태도를 찬미하였고, 커다란 통 속에서 홀로 살았다고 합니다. 아마도 그 통은 아테네의 아크로폴리스 옆에 있던 크고 육중한 항아리였을 것으로 추측하고 있습니다. 그는 일생을 나무통 혹은 술통에서 살았으며 맨땅에서 잠자는 일을 최상의 쾌락으로 생각했습니다. 또한 풍요로운 마을이나 비옥한 땅에는 덕德이 존재하지 않는다고 전해져 내려오고 있습니다.

그의 성격은 알렉산더 대왕과의 만남 일화에 잘 드러나 있습니다. 알렉산더가 그를 찾아갔다는 이야기는 이미 널리 알려진 바와 같습니다. 알렉산더는 그리스의 고린도라는 마을을 지나가면서 괴팍한 디오게네스를 만나고 싶어서 그의 기묘하게 생긴 거처로 그를 방문하였다고 합니다. 때마침 디오게네스는 이곳에 살고 있었습니다. 알렉산더 대왕은 이 괴벽의 철학자가 크레나움이라는 동굴 앞에서 햇볕을 쬐고 있는 것을 보았습니다. 그때 디오게네스는 햇볕을 쬐며 술통을 수리하고 있었습니다.

대왕은 그에게 가서 "나는 알렉산더 대왕이다"라고 말했습니다.

그러자 철학자 디오게네스는"나는 개[犬]인 디오게네스입니다."라고 대답했습니다.

대왕: "당신은 내가 두려운가?"
디오게네스: "그러면 대왕은 착한 사람입니까?"
대왕: "그렇다. 나는 착한 사람이다."
디오게네스: "어떤 사람이 착한 사람을 두려워하겠습니까?"

이러한 선문답을 주고받다가 잠시 서로 생각에 잠겨 대화를 계속하였습니다.

대왕: "디오게네스, 그대는 여러 가지 물품이 부족한 것 같은데, 나는 그대를 위해 봉사하는 것을 기쁘게 생각한다."
디오게네스: "그렇다면 당신이 서 있는 그곳에서 좀 비켜주시오. 대왕은 나에게 내리쬐는 햇볕을 가로막고 있습니다."

옆에 있던 신하들이 디오게네스의 무례한 언행에 대해 분개했습니다만, 눈치 챈 대왕은 신하들에게 다음과 같이 타일렀습니다.

대왕: "나는 할 수만 있다면, 나를 버리고 디오게네스가 되고 싶네."

그러나 만약 알렉산더가 로마의 네로 황제나 태봉의 궁예 황제같이 마음씨 고약한 왕이었다면, 당장에 능지처참형에 처했을 것입니다.

• 자연적 삶이 행복이다: 개처럼 살라

디오게네스는 쾌락과 고통에 흔들리지 않고 자연적 혹은 사회적 사건에 당황하지 않았으며 또한 시민적 내지 인간적 유대에도 아무런 관심을 품지 않았습니다. 그는 질서 있는 세계를 조롱하며 초연히 고립적인 생활을 즐겼습니다. 디오게네스는 특이한 성격의 소유자로 잘 알려져 있습니다. 그는 노동자와 교제하고, 그들과 같은 옷차림을 하였습니다. 그는 세련된 모든 철학을 무가치한 것으로 보았고, 알려질 수 있는 것은 모든 사람들에게 쉽게 알려져야 한다고 믿었습니다. 그래서 그는 이러한 신념을 더욱 발전시켰습니다. 정부도 필요 없고 사유재산이나 결혼, 기성종교 등도 모두 부인하였습니다. 즉 그는 모든 전통을 부인하였습니다. 종교 · 풍습 · 옷차림 · 집 · 음식 · 예절 등 모든 전통적인 관습을 거부하였습니다. 그는 "쾌락의 노예가 되느니 차라리 미치광이가 되겠다"고 과감히 말합니다. 여러모로 디오게네스의 행복관은 문명의 불신에 관심을 집중시켰습니다. 문명이라는 것은 제멋대로의 기준과 미신에 의해서 뒷받침되고 있는 퇴폐적인 제도라고 여겼습니다. 그가 현재의 문명을 불신한 것은 더 좋은 사회질서를 세우기 위해서가 아니라 사람들에게 그들 자신의 개성의 완전한 자유를 보전하기 위해서였습니다. 그는 물질문명에 대한 무가치함을 다음과 같이 말하였습니다.

소식小食으로 살아가는 것이 얼마나 행복한가? 겨울에 비싼 옷을 걸치지 않아도 인간은 따뜻하게 지낼 수 있지 않은가? 고국에 대하여 애착심을 갖는 것이 얼마나 어리석은 일인가? 자녀들이나 친구가 죽었다고 구슬피 우는 것은 얼마나 우매한 짓인가? 하는 것 등의 의문들이 그가 풀어야 할 숙제이자 가르침이었습니다. 그는 개[犬]처럼 살려고 하였습니다. 견유犬儒, Cynic라고 불리는 것은 이러한 이유 때문이었습니다. 그렇기 때문에 그는 개의 생활태도를 찬양하였습니다. 개야말로 거의 아무런 부족도 느끼지 않고 있으며, 육체적 기능에 관한 거짓된 수치심도 그리고 아무런 위선도 지니고 있지 않았기 때문입니다. 그러나 디오게네스는 인간이 개와 같다고 가르친 것은 아니었습니다. 오히려 그는 덕德에 대한 열의가 대단했다고 합니다. 단지 그는 이 세상에서 귀중하게 여기거나 좋다고 하는 것이 아무런 가치가 없다고 주장했습니다. 따라서 디오게네스는 행복을 다음과 같이 생각했습니다.

디오게네스: "자연으로 돌아가는 것이 행복이라네."

제자: "그러면 그러한 행복과 자유를 가져오는 것은 무엇이겠습니까?"

디오게네스: "그것은 바로 자연적인 삶 그 자체에 있네."

제자: "그러면 자연적인 삶은 어디에서 나옵니까?"

디오게네스: "그러한 삶은 동물의 행동을 관찰하고 모방하는 데서 나오는 것이네."

위의 대화에서 보듯이, 견유학파 사람들은 동물을 즐겨 먹었으며, 동물들도 사람을 먹을 수 있다고 생각했습니다. 디오게네스는 자기가 죽었을 때 자신의 시신을 땅에 묻지 말고 방치하라 했는데 이는 짐승들이 그 시신을 먹게 하기 위한 배려였습니다. 디오게네스에게서 인간과 동물은 친족성에 대한 믿음이 강했기 때문에 서로가 서로를 먹을 수 있다고 생각했습니다. 그는 인간의 성욕도 배고

플 때의 식욕이나 목마를 때의 갈증과 마찬가지로 자연스러운 육체적인 욕망으로 여겼습니다. 이러한 성욕에 대한 견해는 그의 삶 속에서 일관되게 유지하였습니다. 그는 수시로 성욕을 느낄 때면 대낮에도 사람들이 많이 모이는 도시의 광장 한복판에서 자위행위를 했다고 합니다. 물을 마시는 것이 남의 눈앞에서 부끄러운 것이 아니라면, 자위행위도 육체의 욕망에서 나오는 자연스러운 발로이기 때문에 조금도 부끄러운 것이 아니라고 생각했습니다.

그는 덕을 찾았지만, 욕망에서 해방된 도덕적인 자유를 찾았던 것입니다. 그의 신조는 "행운을 가져다준다고 말하는 선善에 대하여 무관심 하라, 그러면 공포에서 해방된다"는 것이었습니다. 그는 이 세상의 선을 멀리하라고 가르친 것이 아니라 단지 냉담해야 한다는 것이었습니다. 그러나 그의 행복설은 새로운 것을 그리 찾아 볼 수 없고 다만 옛날부터 있던 회의懷疑를 조직화하거나 형식화한 것에 지나지 않습니다.

디오게네스는 어쩌면 현대적 의미에서 인류가 골머리를 앓고 있는 환경문제를 심각하게 생각한 진정한 철학자였는지 모릅니다. 그는 프로메테우스Prometheus가 신의 불을 훔쳐 인간에게 주어 벌을 받게 된 것을 정당하다고 생각했습니다. 왜냐하면 불은 첨예한 기술의 발달로 인해서 점점 오늘날 인간생활이 복잡해지고 인위적인 것으로 가득 찼기 때문입니다. 그의 행복관은 물질적 이기문명에 가득 찬 현대인들에게 지금에 와서도 더더욱 가슴 속 깊이 새겨들어야 할 이야기라 생각합니다.

7. 베이컨의 행복한 삶과 철학: 행복은 지식과 자연을 정복했을 때 얻는 힘이다

• 행복은 지식의 힘에서 나온다

프란시스 베이컨

20세기 이후 자본주의 사회가 빠르게 진행되면서 인간의 궁극적 목적은 물질적 행복을 이루는 것, 즉 지상에서 유토피아 사회를 건설하는 계획입니다. 이러한 유토피아 사회를 건설하는 것을 지상목표로 삼아 추진한 인물은 베이컨Francis Bacon, 1561~1626이었습니다. 베이컨은 1561년 런던에서 엘리자베스 1세의 도장을 관리하고 왕실의 재정업무를 담당하는 국새관國璽官이자 대법관인 니콜라스 베이컨 경의 둘째 아들로 태어났습니다. 그는 성장하면서 정치적 야심을 키웠으나 여왕시절에는 성공하지 못하고 제임스 1세가 즉위한 뒤 정치적 경력을 쌓아 1617년에는 국새관으로, 1618년에는 대법관으로 임명되어 왕실의 재정을 보좌하였습니다.

우리에게 가장 익숙한 경구인 "**아는 것이 힘이다**"라는 표현은 이제 삼척동자도 즐겨 쓰는 용어가 되었습니다. 베이컨의 "아는 것이 힘이다"라는 문구는 행복을 이성의 진보된 사유로 보는 견해입니다. 세심한 관찰과 주의 깊은 실험들, 그리고 거기서 얻어낸 지식들, 바로 이러한 지식이 불행을 막아주고 행복한 삶을 가져다주는 것이라고 베이컨은 힘주어 말합니다. 그러한 지식의 힘은 지상에서의 희망에 찬 유토피아 정신과 인간을 중심으로 한 "자연의 정복전략"의 계획을 그 기본으로 품고 있습니다. 우리가 어떤 일을 이루려고 한다면, 상식적으로나 학식으로 지식을 갖추어야 합니다. 유럽의 문화가 근대적 세계관인 기술주의를 받아들이기까지는 150년이라는 긴 세월이 소요되었습니다. 많은 기간을 지나오면서 사람들이 얻게 된 것은 지식이 힘이라는 생각, 인간은 끊임없이 진보할 수 있다는 희망, 가난이 커다란 악이라는 인식, 보통 사람들의 삶도 어느 누구 못지않게 커다란 의미를 가질 수 있다는 깨달음이었습니다.

> "사물의 원인을 알아내고 모든 공포와 냉혹한 운명과 탐욕의 지옥의 소란한 투쟁을 유린하는 자는 행복하구나!"

먼저 우리는 자연을 정복하여 복종하게 함으로써 지배할 수 있습니다. 그러면 현재는 우리의 무지無知 때문에 자연의 노예가 되고 있지만, 곧 자연의 지배자가 될 것입니다. 베이컨이 "**아는 것이 힘이다**"라고 말했을 때, 이는 자연을 종교적으로 신성화하던 중세의 마술적인 사유에서 벗어나 대상을 자연과학적인 인식의 틀로 새롭게 바라보는 인간의 힘을 의미하는 것이었습니다. 베이컨에게 지식은 자연에 대한 지식을 말하는 것이었고, 그러한 지식은 인간사회의 유용성을 위해서 자연의 지배를 목적으로 하는 것이었습니다. 그러나 인간을 자연에 예속화시키려는 바로 그러한 시도가, 인간이 자연을 정복하려는 야욕이었습니다. 왜냐하면 자연은 오로지 인간에게 복종함으로써만 자연도 인간을 복종시킬 수 있기 때문입니다. 그래서 우리는 자연을 알기 위하여 먼저 자연에 복종해야 합니다. 이것은 베이컨이 우리에게 남겨 준 이제까지의 교훈이었습니다. 베이컨의 구호는 "자연 속에 어떠한 비밀도 남겨놓지 말라. 자연의 비밀을 하나하나 모두 확인하고도 그리스도의 구원을 이루자." 이를테면 이것은 "아는 것이 힘이다"라는 명제였습니다. 자연에 대한 인간의 정복과 지배권을 회복하려는 그의 원대한 계획은 1621년에 뇌물을 받은 혐의로 의회의 조사를 받고 4만 파운드의 벌금을 내야만 했고 런던 탑 안에 감금을 선고받았습니다. 베이컨은 공직에서 물러난 후에도 영국역사, 자연사 등을 저술하였고 공직의 복권을 위해 노력하였으나 끝내 이루어지지는 않았습니다.

• 지식으로 자연을 정복하라

그는 자연으로부터 신을 추방하고 오로지 자연을 지배하기 위한 방법론적인 탐색에 열중하였습니다. 인간은 자신의 인지력認知力으로 인해서 처음에는 자연을 체계적이며 철저하게 이해하는 방법을 배웠습니다. 그리고 그 결과를 갖고, 마치 사자의 동굴에 들어가 그 수염을 가지고 놀거나 자기에게는 어떤 해로움도 없이 사자의 꼬리를 흔드는 조련사와 같이, 모든 방면에서 자연을 조정하고 이용할 수 있는 방법을 터득하게 되었습니다. 자연에 대한 지배를 얻어내고 인간의 삶을 완성하기 위해서 자연을 얻고자 하는 베이컨의 열망이었습니다. 또한 기계적인 기술이 진보와 함께 지속적인 완성을 지향하는 능력을 과거와 현재에도 계속해서 증명하고자 하는 것이 그의 신념이었습니다. 단지 이러한 삶에 유용한 모든 기술이 인간활동의 원동력이 되었습니다. 우리는 베이컨의 모든 관념들과 이와 유사한 다른 관념들 속에서 언제나 육체적인 몸을 갖고 하는 작업과 지적인 작업사이의 분리와 대립, 혹은 적어도 '힘을 위한 지식'을 목격할 수 있습니다. 힘을 의미하는 지식은 인간을 노예화하거나 지배자들에게 순종시키는 데 있어서나 어떠한 한계도 잘 모른다는 것입니다. 그에게서 지식이 간직하고 있는 많은 사례들은 단순한 도구에 불과합니다. 예를 들면, 라디오는 한 단계씩 승격된 인쇄기이며, 급강하 폭격기는 더 효율적인 대포이며, 무선조정장치는 보다 믿을 만한 나침반입니다. 인간이 자연으로부터 배우고 싶어하는 것은 자연을 완전히 지배하기 위해 자연을 이용하는 방법입니다. 오직 그것만이 유일한 목적입니다. 베이컨은 「학문의 진보」나 『신기관新機關』에서 '자연의 경이로부터 기술의 경이'로의 이행을 근거로 하는 진보의 선행조건을 다음과 같이 말합니다.

> "인간은 자연에 봉사하는 것, 자연을 해명하는 것으로서, 자연의 질서에 관해 실제로 관찰하고 정신에 의해 고찰한 것만을 행하고 이해하는 것입니다. 그 안의 것은 모르며, 또한 행할 수도 없습니다. 인간이 할 수 있는 일은 자연물을 결부시키고 분리해 내는 것뿐이며, 그 밖의 일은 자연이 그 내부에서 진행시키는 것입니다."

여기서 자연에 대한 인간의 지배는 인간이 자연을 향해서 어떤 것을 실행할 때 가능한 것이 아니라 인간이 무엇인가 자연에 관해 바라는 것을 정확한 지식에 의해서 가능하게 얻을 수 있다는 생각입니다. 중요한 사실은 그가 지식을 인식론적 차원으로만 다루지 않고 실제적으로 일상적 생활 속에서 활용 가능한 기술과의 결합을 생각했다는 점입니다.

흔히 베이컨을 과학기술주의 시대를 살았던 최초의 인물이라고 말합니다. 사람들이 그를 뒤따르는 데는 많은 시간이 필요하였습니다. 베이컨에게 있어서 인간사회의 유용성을 위해 자연을 지배할 목적으로 얻는 지식은 이미 과학기술의 진보를 의미하는 것이었습니다. 서양의 고대 · 중세시대에는 진보 사상이 낯선 것이었거나 종교적 구원의 차원에서 행해졌습니다. 베이컨에게서 과학은 학문의 유용성과 인간사회의 진보를 자신의 신념으로 파악하는 것이었습니다. 우리가 근대과학의 선구자인 베이컨이 이미 기술에 대한 새로운 견해를 지지했다는 사실을 기억하는 것은 중요합니다. 왜냐하면 베이컨은 인간이 지상의 자연뿐만 아니라 천상의 자연과도 경쟁할 수 있음을 보여주었기 때문에 그의 이러한 발견은 곧 새로운 창조요, 신의 작업을 모방하는 것이었습니다. 베이컨에 의하면, 인간이 사물을 지배하는 것은 전적으로 기술과 과학에 의존하는 것이라고 주장하였습니다.

• 과학기술의 진보가 인간의 행복을 가져다줄까?

종종 베이컨은 자신의 마지막 저서인 『신아틀란티스Neu-Atlantis』(1624)에서 유토피아의 계시를 받은 사람들이 자신의 꿈을 펼치면서 자연에 대해 탐구하는 학문의 이상향을 "솔로몬의 집Haus Solomon"으로 표현합니다. 베이컨은 콜럼버스가 새 대륙을 발견하는 길을 열었듯이, 과학자들이 실험을 통한 새로운 지식의 가능성의 길을 열겠다고 공공연히 말했습니다. 지혜로운 이스라엘 왕의 이름을 딴 "솔로몬의 집"은 과학자들에게 시설과 재정을 지원하여 인류의 복지에 이바지하도록 기획한 곳을 뜻합니다.

> "약 1천 9백 년 전에 어떤 임금님이 이 섬을 다스렸습니다. 먼저 우리는 이분에 대한 기억을 소중하게 여깁니다. 그분의 이름은 솔로몬이고 우리는 이분을 입법자로서 존경하고 있습니다. 이분은 관대하셨고 나라와 국민의 행복만을 생각하셨습니다."

그의 유토피아utopia 국가인 "신아틀란티스"에서 "솔로몬의 집"은 정치조직에 버금가는 중요한 의미를 지니고 있습니다. 베이컨이 말하는 "솔로몬의 집"은 과학기술의 사회화를 통해 인류의 상태를 훨씬 더 개선할 수 있다는 신념이 깃들어 있습니다. 아틀란티스 섬에 세워진 "솔로몬의 집"에는 모든 과학 분야가 체계적으로 조직되어 있습니다. 이러한 "솔로몬의 집"에서 베이컨은 정치적 지배가 없고 개별적인 과학자가 자유롭게 공공의 복지를 위해 연구하는 새로운 모델을 전개하고 있습니다. "솔로몬의 집"은 과학자들의 학문분야가 아니라 사회적인 유용성에 따라 기후실험실 · 양봉실험실 · 과학실험실 등 적용영역에 맞게 설치된 많은 실험 연구실을 갖고 있습니다. 더 나아가 이 집은 지진이나 홍수 · 가뭄 등 기상이변을 예언하고 식물의 성장과 촉진, 동물의 성장변화, 잡종의 생산, 새로운 예술의 금속품, 공중위생 등에 기여하기도 합니다.

유토피아적 환상의 섬인 아틀란티스에서 세워진 "솔로몬의 집"은 과학과 기술의 진보를 통해서 인간의 자연에 대한 지배를 확충하기 위해 베이컨의 낙원에 대한 보편적인 믿음과 목적을 잘 대변하고 있습니다. "원인을 알지 못하면 그 작용과 결과를 알 수 없기 때문에 인간이 무엇을 안다는 것과 무엇을 할 수 있다는 것은 동일한 의미입니다. 자연을 복종시킬 수 있을 때 비로소 인간은 자연을 지배할 수 있습니다." 인간에 의해 부여된 자연과학적인 인식의 틀에 따라 해석된 자연법칙은 바로 인간이 자연을 지배할 수 있다는 인간의 힘의 우월성을 뜻하는 것이었습니다. 이러한 관점에서 베이컨은 확실히 행복이란 과학과 기술의 진보로 인해 사회관계와 자연법칙의 인과 관계를 진보시킬 수 있다는 희망을 품고 있었습니다. 베이컨의 신과학 프로그램은 과학을 사회화하고 과학의 유용성이라는 관점에서 수행되었지만, 그의 이런 기대와 희망은 충분히 충족되지는 못하였습니다.

베이컨은 과학적 지식의 힘을 인간들이 자연을 지배하는 데 이용할 수 있는 가장 손쉬운 수단 내지 도구로 생각합니다. 과학이 인간과 자연을 조절할 수 있는 열쇠라는 것입니다. 베이컨에게서 인간의 **행복은 미지의 과학에 끊임없는 목표를 갖고 다양한 발견과 발명을 통해서 인간의 삶 자체를 풍요롭고 윤택**하게 하는 데 있습니다. 실제로, 자연 위에 군림하려는 베이컨의 "유토피아의 설계"가 전 지구적인 차원에서 실현된 오늘날, 인간의 자연에 대한 정복은 인간의 힘에 의해 추진되었습니다. 그것은 인간의 자연지배였다는 점입니다. 따라서 베이컨에게 자연의 힘과 물체들은 단지 인간의 계획에 따라 좌지우지된다는 것입니다. 그는 인간이 설계한 것을 이루기 위해서 자연을 단지 이용하면 그뿐이라고 주장합니다. 아무튼 그에게서 인간이 자연을 지배해야 한다는 것에 대해 강조한 것이나 인간이 자연을 공손하게 뒤따라야 한다는 주장 사이에는 현실적으로 어떠한 모순이 없었습니다. 왜냐하면 "인간이 자연을 복종하지 않고서는 자연을 다스릴 수 없기 때문입니다. 그러나 자연에 대한 인간의 간섭이 성공적이기 위해서는 인간이 자연의 근본법칙과 부합되어야 합니다. 이런 점에서 인간의 지식과 능력, 이 두 가지는 실제적으로 하나로 만나는 것입니다. 그리고 조작이 실패하는 것은 그 원인들에 대한 무지에서 초래하는 것입니다."

사람들이 자연 속에서 무엇인가 배우기를 원한다면, 어떻게 자연을 이용할 수 있는가를 밝혀야 합니다. 베이컨의 "유토피아의 설계"는 자연에 대한 힘으로서의 지식과 물질적 풍요를 향상시키려고 이용을 하면서 자연에 대한 인간지배의 성공 여부에만 관심을 집중시켰습니다. 베이컨의 행복한 설계도는 "지식의 목표를 자연 지배에 두고 인간의 운명을 개선하기 위해 이용하는 자세"였습니다. 결국 베이컨의 "유토피아적 행복의 설계도"는 인간이 자연에 대해 보다 좋은 관계를 얻으려는 것이었습니다.

• 과학기술로 인한 인간의 자연지배가 행복을 가져다줄까?

지금 우리 인간의 "힘은 스스로 막강하게 되었으나, 힘의 달콤한 약속은 위협으로 되었고, 구원의 전망은 계시록적인 전망으로 탈바꿈하였다."는 사실을 주목해야 합니다. 베이컨의 "유토피아주의 설계" 속에서 드러난 어두운 예언적 함의는 결코 현 상황의 부정적이거나 적대적인 측면만을 부각시키려는 데 있는 것은 아닙니다. 단지 그 속에서는 어쩌면 인류의 많은 위협들이 숨겨져 있는지도 모르기 때문입니다. 이러한 숨겨진 위협에 대한 힘 구조의 예속화 속에서 인간은 다시 한번 이러한 의미의 중요성을 인식해야 합니다. 현재 지구상의 위험은 자연과학적이고 기술적인 산업문명의 비대화로부터 나타나고 있습니다.

우리는 지금 자연과 과학기술의 무한한 개발을 통해 경제적인 물질의 무제한적인 생산에 많은 심혈을 기울이고 있습니다. 이러한 결과로 인해 현대사회는 최소한 물질적인 측면에서 한정시켜 본다면, 세계의 선진지역이나 한 사회 내의 일부 특수한 계층에게는 유토피아의 자본주의 사회에 근접해 있다고 해도 과언이 아닙니다. 그러나 다른 측면에서 볼 때 물질적인 만족을 충족시켜 준다고 해서 유토피아의 전망이 우리에게 한 발짝 가까이 다가 왔다고 자부해도 좋을까요? 왜 21세기에 들어 지구상의 인류는 장밋빛 희망의 사회가 도래할 것이라는 낙관적인 비전보다 오히려 위험사회의 불길한 예언들에 촉각을 곤두세워야 할까요?

현재 널리 확산되고 있는 다양한 위기의 징후군 중에서도 가장 심각한 양상을 보이고 있는 것은 전지구상의 환경문제 내지 생태계의 위기일 것입니다. 20세기 중반 이후로 아주 빠르게 과학기술의 현대성을 보여주었던 진보와 긍정의 유토피아는 유감스럽게도 몰락의 부정적 디스토피아dystopia라는 청사진으로 우리 앞에 전개되고 있습니다. 다시 말해 과학기술로 인한 문명의 진보가 인간의 거주지를 안락하게 해줄 것이라던 유토피아의 정신이 오히려 이 지구를 인간이 더 이상 살 수 없는 디스토피아의 암울한 세계로 안내할 수 있다는 사실입니다. 우리에게 드러낼 "디스토피아의 미래상은, 현존하는 모순과 위기가 미래에는 더욱 심화되어 극단적인 결과를 가져올 것이라는 예측입니다." 만약 그러한 가능한 세계의 종말 내지 몰락으로서의 미래가 곧 도래한다면, 이 지구는 현대사회의 어두운 구성요소를 우리에게 안겨 줄 것입니다. 이러한 부정적 상황은 더 이상 먼 미래의 예언만이 아니게 되었습니다. 물론 우리가 추구해야 할 21세기 사회는 종말론적인 전망에 기인하고 있지 않다는 것은 분명합니다.

지금 전 지구상의 생태계 위기는 실제로 불행하고 암울한 사건들이 도처에서 목격되고 있습니다. 서구의 산업사회는 그들의 경제질서를 통해서 편향된 성장을 이제껏 강행해왔기 때문에 사회적 문제상황들을 도처에서 심각하게 목격하게 되었다는 사실입니다. 베이컨의 "**아는 것이 힘이다**"라는 명제는 스스로 자신의 지휘 아래 승리의 최고점에서 자신의 부족함과 자아모순을 동시에 드러내 버렸다고 현대의 학자들은 진단합니다. 베이컨의 이러한 경구는 지구상의 생태계 위기라는 관점에서 볼 때, 이제 자기 자신에 대한 통제력을 이미 상실해버렸으며, 인간 자신에게서나 자연을 인간으로부터 보호할 수 있는 능력을 상실했습니다. 자연과 인간을 보호할 필요성은 바로 과학기술의 진보과정에서 획득한 힘의 규모로 인해 점점 더 크게 대두하게 되었습니다. 베이컨에 의한 힘의 논리는 결국 과학기술 앞에서 인간을 무기력하게 만들었고 비인간적이고 반생명적인 문화를 창출하였습니다. 기술의 권력은 자연을 인식대상으로 설정하였고 인간행위의 규범적 체계로부터 분리하면서 도덕하고는 전혀 상관없는 것이 되어 버렸습니다. 그래서 인간은 결국 기술권력에 대한 통제력을 상실하게 되는 심각한 위기에 빠지고 있습니다.

베이컨이 예측하지 못했던 지식의 힘을 통해 인간이 자연에 대한 지배를 이루었다고 할지라도, 이제 그와 동시에 **자신에 대한 완전한 예속**이라는 결과를 가져왔다는 비판에 주의를 기울여야 합니다. 현대 생태철학자 요나스Hans Jonas, 1903~1993는 베이컨의 "아는 것이 힘이다"라는 표현은 끝이 없는 것처럼 보이는 자연에 직접적으로 행사하던 인간의 제1단계의 힘이 다시 제2단계의 힘으로 넘어갔다고 말합니다. 이제껏 인간이 자연을 정복한 결과가 인간을 해방시켰던 것이 아니라 오히려 인간을 노예로 만들어 버리는 제2단계의 힘을 점점 더 필요하게 되었다는 것입니다. 그런데 오늘날 과학기술의 힘을 제어할 수 있는 새로운 제3단계의 힘 또한 자연의 벽에 부딪혀버리는 현실을 도처에서 목격하게 되었습니다. 따라서 인간의 힘은 더 이상 순수한 것이 아니라 과학기술의 힘을 행사하는 인간들에 의해 좌지우지되었습니다. 이런 점에서 지식의 힘은 가짜 소유자에게 자신도 종속시켜 버렸으며 최소한 자신의 의지조차도 없는 집행자로서 만들어 버리는 현실로 나타났습니다.

결국 행복은 인간의 힘을 무한히 확대하여 자연을 지배하려는 목적과 의도를 멈추지 않고 과학기술의 진보라는 미명 아래 여전히 힘의 행사가 지속된다면, 더 이상 없다는 것입니다. 따라서 인간의 힘을 마구 행사한다면, 디스토피아의 사회가 진행될 것이라는 이야기는 더 이상 낯선 말은 아니게 되었습니다.

8. 칸트의 행복한 삶과 철학: 행복은 선한 의지善意志에서 나온다

• 행복은 선한 의지에서 나온다

임마누엘 칸트

임마누엘 칸트1724~1804는 동프러시아의 쾨니히스베르크Königsberg라는 작은 도시에서 마구장이의 아들로 태어났습니다. 칸트의 임마누엘이라는 이름은 '신이 그와 함께 있다'라는 뜻을 지니고 있습니다. 그 이름에는 위로 두 아이를 첫돌 이전에 잃은 그의 어머니의 염려가 담겨져 있다고 합니다. 어머니는 그가 14세 때 40세의 나이로 세상을 떠났습니다. 그는 쾨니히스베르크 대학에서 철학 · 수학 · 자연과학을 배웠습니다. 특히 그는 라이프니츠와 뉴턴의 이론을 자세히 연구하였습니다. 그는 졸업 후 잠시 가정교사를 하다가 1755년에 쾨니히스베르크 대학의 사강사 직을 얻어 15년 동안 강사생활을 하다가 1770년에 그 대학의 정교수가 되었습니다. 여러 대학에서 초빙을 받았으나 응하지 않고 시계처럼 규칙적인 생활을 하며 한평생을 조용히 그의 고향에서 보냈습니다. 그는 임종 순간에 "좋다Es ist gut"라는 말을 남겼는데 그 의미는 아무도 모른다고 합니다.

칸트는 『실천이성비판』의 서문에서 "생각할수록 나를 놀라게 하는 것이 둘이 있으니, 하나는 하늘에 반짝이는 별들이고 다른 하나는 나의 마음속에서 울려오는 양심의 소리다"라고 말합니다. 칸트는 『실천이성비판』의 결론 부분에서 이 유명한 문구를 시작하고 있는데, 이 저서는 "나의 안에 있는 도덕법칙"의 여러 측면들을 다루기 위해 계획되었습니다. 앞서 출간한 그의 『순수이성비판』은 별이 빛나는 하늘 자체를 다루고 있지는 않지만, 최소한 우리가 그것을 인식하기 위해서는 어떤 조건을 필요로 하는가를 다루고 있습니다.

칸트의 행복한 삶과 철학은 『윤리형이상학정초Grundlegung zur Metaphysik der Sitten』(1785), 『실천이성비판』(1788), 『도덕형이상학』(1797) 등에서 체계적으로 기술하고 있습니다. 처음의 두 저작은 그의 혁명적인 메타윤리학을 서술하는 데 반해, 마지막 저작은 구체적인 행복한 삶의 토대가 되는 윤리학을 제공하고 있습니다. 칸트에게 있어서 행복한 삶과 철학의 과제는 모든 인간을 결속시키는 행동원리에 대해 우리가 어떻게 도달할 수 있는가를 발견하는 것입니다. 이성적 존재로서의 나는 무엇을 할까? 라는 물음은 "나는 어떤 임무를 해야 한다"라는 의무를 말합니다. 칸트의 행복한 삶과 철학은 도덕철학의 상식적인 도덕의 사실로부터 출발하였습니다. 그는 도덕적 상식을 분석함으로써 도덕성의 형식적 최고원리를 확립하고자 했습니다.

칸트의 행복한 삶과 철학은 세 가지 핵심개념, 즉 **선한 의지**Guter Wille, **의무**Pflicht, 그리고 **도덕**Moralische Gesetz 또는 **정언명법**Kategorischer Imperative을 통해 이해할 수 있습니다. 이 세 개념은 상호 내재적으로 긴밀히 연관되어 있습니다. 칸트는 상식적으로 생각하고 있는 **좋은 것**das Gute을 상기시키는 것에서부터 시작합니다. 일반 사람들이 좋은 것[善]이라고 부르는 것 가운데는 명석한 두뇌, 뛰어난 판단력, 풍부한 해학, 용기, 권력, 부, 건강과 같은 행복들이 있습니다.

사람들에게 인생의 최고의 목적이 무엇인지 묻는다면 대체로 행복이라 대답할 것입니다. 그런데 칸트는 “세계 안에서나 세계 밖 어디에서도 무제한으로 선하다고 생각할 수 있는 것은 오직 선한 의지뿐입니다”라고 말하면서 인생의 최고 목적은 행복이 아니라 **선한 의지**善意志라고 하였습니다. 인생의 가치는 이미 얻은 행복의 분량으로 측정되는 것이 아니라 선한 의지가 얼마만큼 인생에 나타났으며 인생을 어떻게 형성하느냐에 의해 측정되어야 합니다.

그에 의하면, 도덕적 심성을 가진 사람이라면 행복이 인간이 추구해야 할 최고 목표는 아니라는 것입니다. 선한 의지는 오직 의욕 자체만으로도 선합니다. 선한 의지는 그것이 무엇을 실현하고 성취했기 때문에 선한 것이 아니며, 또한 그것이 어떤 설정된 목적을 달성하는 데 쓸모가 있기 때문에 선한 것도 아닙니다. 만일 우리가 선한 의지에만 주목한다면 우리는 선한 의지가 의지의 모든 결과물들보다 훨씬 우월하다는 것을 알 수 있습니다. 어떤 목적에 도달하기 위해 유용하다는 것은 결코 **선한 의지**를 선하게 만드는 근거일 수 없습니다. 그 목적이 아무리 가치 있는 것이라 할지라도 매한가지입니다. 도덕적으로 가치 있는 선은 용기, 절제, 행복 등을 최상의 목표로서 추구되어야 합니다. 상식은 이미 선한 의지가 최고 가치라는 것을 알고 있습니다. 따라서 칸트는 상식 속에서 선한 의지 개념을 분석함으로써 사람들을 철학적 인식에로 이끌어 가려고 하였습니다.

• 너 자신과 타인에 대한 존중의 의무가 곧 행복에 이르는 길이다

칸트는 선한 의지의 개념을 분명히 하기 위해 의무개념을 다루고 있습니다. 칸트에게 있어서 "의무는 모든 가치를 능가하는 그 자체로 선한 의지의 조건입니다." 이러한 목적을 위해 칸트는 선한 의지의 개념을 **의무**Pflicht라는 개념으로 강조합니다. 이렇게 선한 의지라는 개념은 의무라는 개념에서 나왔습니다. 의무는 법칙에 대한 존경에서 나오는 행위의 필연성입니다. 행위의 모든 도덕성은 행위가 산출하게 될 것에 대한 애정과 애착이 아니라 의무에서 그리고 법칙에 대한 존경심에서 나오는 행위의 필연성에서 정해지는 것입니다. 곧 선한 의지와 의무와의 관계는 애착심에서나 공포감에서가 아니라 의무의식에서 의욕하고 행위하였을 경우에 곧 선한 의지가 있다는 것입니다.

칸트는 인간에게는 두 가지 의무가 있다고 말합니다. 하나는 자기 자신에 대한 존중의 의무이고, 다른 하나는 타인에 대한 존중의 의무입니다. 자기 자신에 대한 존중의 의무는 "너는 자연의 완전설 가운데서 나 자신을 보존하라"는 자기 보존의 의무이며, "자연이 단순하게 너를 창조한 것보다 너 자신을 더 완전하게 만들라"라는 인간의 자기 발전의 의무입니다. 즉 행복은 자아에 대한 존중에서 출발하며 다른 사람들과 협력관계가 가능해야 합니다. 이를테면 자기 존중은 모든 도덕적 행위의 출발점이자 자신의 도덕적 권리에 대해 올바르게 인식하는 것입니다. 또한 자기존중은 신의 도덕적 의무에 대한 원리이기도 합니다. 칸트에게 있어서 도덕적 행위는 오직 의무의식에서 나온다고 보았습니다. 예컨대 천성적으로 어진 사람이 있다고 가정해 볼 경우, 그가 친구의 곤궁한 생활 처지를 보고 가슴 아파 견딜 수 없어 동정을 했다고 가정해 봅시다. 이때 그의 자선행위가 아무리 의무에 합당하고 가상한 행위를 하였다 할지라도 결코 도덕적이라 할 수 없습니다. 왜냐하면 그러한 행위는 도덕의식에서 나온 행위가 아니라 자애심에서 나온 행위이기 때문입니다. 모든 사람의 권리 및 존엄성에 대한 존중, 이를테면 타인에 대한 존중은 존엄한 인간의 존재를 가치 있게 여기는 마음으로 우리가 타인을 대하는 방식입니다. 이렇게 존경과 존중의 관계에서 행복은 시작된다고 할 수 있습니다.

칸트는 인간의 도덕률은 당연히 존재한다고 말합니다. 도덕률은 모든 사람에 대하여 "모름지기 마땅히 … 해야 한다"라고 명령합니다. 그것은 도덕적 실천에 있어서의 보편적 법칙입니다. 그것은 "만일 …한다면 …해야 한다"라는 식의 가언적假言的 명령 내지 조건적 명령이 아니라 무조건 "해야 …한다"는 **정언명법**Kategorischer Imperativ 입니다. 즉 정언명법은 법칙이 객관적으로 누구에게나 타당한 명령으로 주어지는 것을 일컫습니다. 이들 도덕적 행위들은 실천이성의 힘을 반영합니다. 이성적 존재들에 적용되고 이른바 선이라는 행동으로 인도하는 이러한 원리들에 대한 탐구가 곧 도덕철학입니다. 도덕적 행위는 의무를 소중히 여기는 동기에서 수행된 행위입니다. 의무는 도덕법칙에 대한 경외심에서 행동하지 않을 수 없게 하는 것입니다. 의지가 선善할 때에만 도덕적으로 선합니다. 선의지는 다른 모든 것의 도덕적 가치의 불가결한 전제조건입니다.

칸트의 행복한 삶과 철학의 정언명법은 도덕적 명령, 모든 존재들에게 적용합니다. 이는 다른 목적과는 관계없이 그 자체에서 필연적이라는 것입니다. 정언명법은 모든 이성적 존재들에 즉각적으로 적용되며 그것에 입각하여 행위해야만 하는 원리입니다. 무엇보다 보편적 법칙이 될 수 있는 격률에 입각해서만 행위하며 추상적 형식으로만 나타납니다. 따라서 칸트의 행복한 삶과 철학의 정언명법은 다음과 같이 정식화될 수 있습니다.

첫째, **보편법칙의 정식**: 너의 준칙이 보편법칙이 될 것을 그 준칙을 통하여 네가 동시에 의욕할 수 있는 준칙에 따라서만 행위하라.

둘째, **목적 자체의 정식**: 너 자신의 인격에서, 다른 모든 사람의 인격에서 인간성을 단순히 수단으로서만 사용하지 말고 항상 동시에 목적으로서 사용할 수 있도록 행위하라.

셋째, **목적 왕국의 정식**: 준칙을 통하여 너 자신이 항상 보편적인 목적의 왕국을 세우는 구성원인 듯이 행위하라.

그러면 미래 인간의 진정한 행복은 어디에 있을까요? 우리가 제3장에서 살펴보았듯이, 아리스토텔레스는 인간의 궁극적 목적이 행복에 있다고 강조하고 있습니다. 이는 인간을 수단으로서가 아니라 목적으로 대해야 한다는 의미와도 같습니다. 왜냐하면 인간은 목적론적 존재이기 때문입니다. 칸트도 "이성적인 존재는 모두 자기 자신과 다른 모든 사람을 단지 수단으로서가 아니라 언제나 목적 그 자체로서 대우해야 한다"고 말합니다. 사회적으로 효용가치가 없는 무용한 인간이라 할지라도 그 자체로 목적으로 대우해야 한다는 것입니다. 우리 인간은 누구나 생명의 존엄성, 인간의 존엄성을 갖고 있습니다. 이러한 인간의 존엄성이 심각하게 침해받았을 때 누구나 치명적인 정신적 손상을 받을 수 있습니다. 그러기 위해서는 인간 자신은 칸트가 말한 것처럼, 수단으로서가 아니라 목적으로서 대우해야 하는데 그렇지 못하다는 데에 윤리적 공포의 원인이 숨겨져 있습니다. "궁극적 가치로서 인간은 그 밖의 목적이나 가치를 위해서 도구적으로 조작할 수 없다는 데 있습니다." 윤리적 원칙에 대해서

애매한 모순일 수 있습니다. 이러한 원리는 개인에게서 인간의 삶을 결코 수단으로 대하지 말고 항상 목적으로 생각해야 한다는 요구입니다. 칸트는 인간의 의무는 자기의 행복을 추구하는 것뿐만 아니라 타인의 행복을 증진시키는 것이 최고선을 이루는 것이라고 현대인들에게 메시지를 전하고 있습니다.

9. 쇼펜하우어의 행복한 삶과 철학: 행복은 맹목적인 삶의 의지이다

• 행복은 맹목적인 삶의 의지이다

아르투어 쇼펜하우어

철학을 전공하지 않은 일반 사람들에게도 염세주의Pessimist 철학자로 잘 알려진 쇼펜하우어Arthur Schopenhauer, 1788~1860를 한 번쯤은 들어서 기억하고 있을 것입니다. 대체적으로 철학자들은 낙천주의자인 데 반해서 그는 염세주의자였습니다. 직업적으로 스스로 실패했다고 생각한 것이 그를 어쩌면 더욱 염세주의자로 만들었는지도 모릅니다.

1819년 쇼펜하우어는 독일의 베를린 대학교(현재의 훔볼트 대학교)의 강사가 되었습니다. 그 당시 철학계에서 가장 명성을 떨치고 있던 철학자 헤겔Friedrich Wilhelm Hegel, 1770~1831과 같은 시간에 강의를 담당할 만큼 그는 자신감에 차 있었습니다. 그러나 헤겔의 수강생들은 만원을 이루며 강의실이 북적거렸지만, 그의 강의를 듣는 학생은 소수에 불과했습니다. 헤겔과 라이벌 의식으로 견주려 했던 쇼펜하우어의 강의실패는 그에게 불쾌한 감정만을 더욱 가져다주었습니다. 그는 곧바로 대학 강의를 그만두고 독일에서 예술의 도시, 고전음악의 도시로 널리 알려진 드레스덴Dresden으로 이사를 하였습니다. 지금도 대다수의 독일인들이 그러하지만, 그도 개를 한 마리 키우고 있었는데 그 삽살개를 “아트마(세계영혼 내지 헤겔)”로 지칭하면서 헤겔에 대한 분풀이로 대신하였다고 전해지고 있습니다.

그는 서양에서 태어났지만 동양적인 요소에 깊은 관심을 갖고 있었습니다. 그는 기독교를 싫어하고 인도의 종교, 즉 힌두교와 불교를 좋아했습니다. 그는 직업적인 철학자들보다도 예술가나 문학가들과 친분이 두터웠고, 사상도 어느 한곳에 얽매이지 않고 자유분방하였습니다. 그는 부유한 장사꾼 가정 출신이었는데 그의 부모님 사이는 별로 좋지 않았습니다. 집에는 항상 많은 돈이 있고 호강스러운 생활은 누릴 수 있었으나 행복은 없었습니다. 쇼펜하우어가 17세 되던 해에 아버지가 죽은 뒤에 아들의 일보다 자기 자신의 일만을 생각하는 어머니와 사이가 나빠졌습니다. 그 이후로 어머니와 점점 의가 벌어지면서 여자를 멸시하는 버릇이 생겼다고 합니다. 또한 어머니도 쇼펜하우어가 증오하고 멸시한 것처럼, 그를 경시하였습니다.

쇼펜하우어의 어머니는 문학에 대해 상당한 포부를 갖고 있는 숙녀였습니다. 그의 어머니는 문인들에게 살롱을 마련하고 책을 쓰며, 교양 있는 사람들과 사귀었다고 합니다. 젊은 쇼펜하우어가 어머니에게 강하게 반발하였던 것은 그의 아버지가 사고로 중상을 당하여 죽음에 임박했을 때에도 아버지를 간호하고 돌보는 것은 연로한 하인뿐이었고, 어머니 자신은 태연하게 피로연장에 나타내며 여러 사람과 교제를 하였기 때문입니다. 쇼펜하우어는 여자, 특히 아내의 사랑이 이런 것인가에 대해 크게 실망하였습니다.

그런데 그녀는 아들에게는 별로 애정이 없는 반면에 그 결점에 대해서는 민감한 눈을 갖고 있었다고 합니다. 그의 어머니는 아들에게서 찾아볼 수 있는 허풍과 허망한 감정을 경계하였습니다. 이러한 어머니의 생각에 대해 쇼펜하우어는 어머니의 그릇된 사랑이 괴로웠습니다. 이런 저런 이유로 그는 어머니를 싫어했으며 아버지에 대해서는 그나마 즐거운 추억을 남기고 있었습니다. 그는 성인이 된 후에 어머니로부터 상당한 재산을 상속받았습니다.

그는 1931년에 프랑크푸르트로 정착하여 여생을 보냈습니다. 그는 이웃사람들에게 심술꾸러기로 보였고 심지어는 무례하게 보였습니다. 그래서인지 항상 혼자였고 친구가 거의 없었습니다. 그는 많은 여자와 관계하였고 자기가 육욕肉慾에 사로잡혀있는 것을 항상 부끄럽게 여겼습니다. 그리고 여자를 가리켜 많은 인간적 불행의 근원이라고 공공연하게 깎아내렸습니다. 특히 만년의 수필 『여성에 대하여』에서는 반여성적인 여러 가지 감상을 전개하고 있습니다. "여사의 자태나 형태를 보면 여자는 정신적으로나 육체적으로 큰일을 지향하고 있지 않음을 가르쳐 주고 있습니다." 또한 "우리들의 어린 시절 양육과 교육을 담당하는 사람으로서 여자가 선택된 것은, 여자가 원래 어린이 같고 어리석고 선견지명이 없는 다 자란 어린애이기 때문입니다. 여자는 본래 어린이와 남자 사이의 중간자입니다." 이와 같이 쇼펜하우어가 여자를 혐오하게 된 이유는 어머니와의 사이가 유쾌하지 않았던 개인적 사정이 큰 원인으로 되어 있습니다.

쇼펜하우어는 염세주의적인 측면이 많았지만 인간의 의지를 강조하였습니다. 그는 자신의 주저인 『의지와 표상의 세계Die Welt als Wille und Vorstellung』(1818)에서 의지로서 세계에 대한 방식을 전개하고 있습니다.

쇼펜하우어는 우리가 경험하는 세계, 즉 우리 자신에게서 표상과 우리의 관계에 관한 추상적인 논의로부터 출발합니다. 그는 이 책에서 네 개의 악장으로 이루어진 교향곡에 비유하기도 합니다. 인간에게 이성보다 본질적인 것은 바로 의지입니다. 의지 자체는 인식작용이 없는 것으로 인간의 정신 속에 맹목적인 욕망이나 충동이 한가운데 자리 잡고 있습니다. 의지라는 것이 우리의 욕망이나 충동으로 나타난다는 것을 기억한다면, 그의 행복 철학은 보다 가까이 다가갈 수 있습니다. 그런데 이러한 의지는 항상 우리의 삶을 의욕하기 때문에 이러한 우리의 의지를 삶에의 의지라고 표현합니다. 다시 말해 그는 나의 신체를 통해서 직접적으로 표현되는 삶의 맹목적인 충동으로서의 의지라고 말합니다. 동시에 자연의 세계에서도 의지의 객관화된 현상으로서 고찰하는 것이라고 말합니다. 나의 신체로서 지각에 나타나는 것은 참된 나의 의지라는 것입니다. 그는 의지라는 말을 넓은 의미로 사용합니다. 예를 들어 바위 한 덩어리도 의지의 표현입니다. 그가 말하는 의지는 지성에서 나오는 것이 아닙니다. 그것은 대부분의 인간들을 고통스러운 삶의 운명 속으로 몰아넣는 방향 없는 맹목적인 의지입니다.

> "의지는 가끔 우리 주위의 자연세계에 있어서 맹목적인 분투입니다. 자기의 목적을 의식하고 있는 의지들도 그 목적에 도달하는 수단을 구사하지 못하고 충동에 끌어가는 대로 이리저리 헤매고 있습니다. 그리고 인간에게서처럼 의지가 지성의 도움을 받고 있는 경우에도 아주 숭고한 의지는 아닙니다."

왜냐하면 쇼펜하우어에게 의지는 이성의 도덕적 행위를 보증하는 것이 아니기 때문입니다. 즉 그에게서 세계는 관념인 동시에 의지입니다. 무엇보다 쇼펜하우어에게 있어서 세계의 본질은 의지로 나타납니다. 인간에게 목표를 설정해 주는 것은 이성이 아니라 의지 그 자체라는 것입니다. 모든 객관적인 것은 의지가 나타난 것이며 이는 의지의 객관화입니다.

그러나 쇼펜하우어가 세계의 본질이라고 하는 의지는 여러 현상과 단계로 다가오는데 결국은 의지의 부정이 고통스러운 삶으로부터의 해방이라는 결론에 도달합니다. 의지는 삶에의 의지이기 때문에 무한한 욕구로부터 벗어날 수 없는 고통을 안겨다 주고 있습니다. 그래서 쇼펜하우어는 의지의 부정을 이끌어 냈습니다. 의지 그 자체는 충동이나 욕망처럼 맹목적이며, 그 현상의 대부분이 무의식적으로 나타납니다. 의지에서 뇌를 산출하면, 뇌 속에서는 고유한 자아에 대한 의식, 인식하려는 자아와 의욕하는 자아와의 일치가 성립했을 때 나타납니다. 단순한 의지는 뇌를 통해서 인식을 의욕하는 것으로 객관화됩니다. 인간의 의지와 인식과의 불화는 인간에게 나타나는 성욕 · 고통 · 불만족 · 고뇌, 질투, 야심을 낳지만, 그 중에서도 강력한 것은 성욕입니다.

그는 성욕을 인간의 내부에서 생겨나는 의지의 가장 명확한 형태라고 말합니다. 남녀의 관계는 인간의 행동과 능력을 보여주는 중심점입니다. 색욕色慾은 전쟁의 원인도 되고 평화의 목적도 됩니다. 생식기는 의지의 초점이며, 인간은 구체화된 성욕입니다. 성욕은 남녀 사이의 성교에 의해 생겨나며, 인간의 욕망은 이성과 교제하기 때문에 생겨납니다. 이 욕망만이 인간 전체의 현상을 결합하여 영속시킵니다. 따라서 고유한 인간의 본질은 인식하는 의식 속에 존재하는 것이 아니라 근본적으로 내부의 의지 그 자체에 있으며, 인간의 반성적인 추상적 능력도 오로지 의지의 도구일 뿐입니다. 그는 철저한 의지의 부정을 그의 행복한 삶과 철학의 최상의 목표로 삼았습니다. 따라서 쇼펜하우어의 이러한 의지의 세계관을 맹목적인 삶의 의지라고 부릅니다.

• 행복의 본질은 무엇일까?

쇼펜하우어는 의지론과 다소 다르게 『행복론』에서 행복의 본질을 다음과 같이 네 가지의 커다란 범위 안에서 말하고 있습니다. 이는 현대를 살아가는 우리에게도 마찬가지로 유사한 행복관이라 하겠습니다.

첫째, 명랑한 질서, 행복한 활기가 중요합니다. 이것이 인간이 누리는 괴로움과 기쁨의 정도를 결정합니다.

둘째, 명랑하기 위해서는 무엇보다 몸이 건강해야 합니다. 건강은 명랑한 정서와 아주 밀접하게 연관되어 있으며, 이를 위한 필수 조건이라고 말할 수 있습니다.

셋째, 정서적인 평온이 중요합니다. "행복의 대부분을 이루고 있는 것은 현명함입니다." "가장 즐거움 삶의 본질은 무념무상입니다." 그는 고통과 행복의 감정은 주관적인 것이라고 말합니다. 즉 우리는 가난한 사람들이 부유한 사람들 못지않게 즐거운 모습을 볼 수 있으며, 그러한 모습은 부유한 사람들보다 가난한 사람들에게서 더 자주 발견할 수 있다고 말합니다. 그의 마음의 평정은 "어려울 때에는 늘 평정을 잃지 않도록 하라. 행복할 때의 마음이 지나친 기쁨을 다스릴 수 있다"라는 생각입니다.

넷째, 외부의 재물 내지 자산이 중요한 요소입니다. 하지만 아주

약간만 있으면 됩니다. 따라서 그는 에피쿠로스의 견해에 따라 자산을 다음과 같이 구분하고 있습니다.

① 당연히 필요한 동시에 꼭 필요한 자산

② 당연히 필요하지만 꼭 필요하지 않은 자산

③ 당연히 필요하지도 꼭 필요하지도 않은 자산[8)]

여기서 쇼펜하우어는 행복이 가르쳐야 할 것은 첫 번째 요소인 행복의 활기와 두 번째의 인간의 몸의 자산을 얻는 방법이라고 말하고 있습니다.

10. 니체의 행복한 삶과 철학: 행복은 힘에의 의지이다

• 행복은 힘에의 의지이다

프리드리히 니체

지난 20세기, 100년이라는 오랜 기간 동안 전공자든 비전공자든 사람들에게 가장 많이 회자된 인물은 역시 니체Friedrich Wilhelm Nietzsch, 1864~1900였습니다. 니체의 아버지는 루터교 목사였고 어머니도 목사의 딸이었습니다. 어렸을 적에 니체도 그의 친구들에게 작은 목사로 불릴 정도로 기독교에 신심이 깊은 소년이었습니다. 그는 20세 되던 해에 고전음악의 거장 베토벤이 태어난 옛 독일의 수도였던 본Bonn 대학에 입학하여 문헌학과 신학을 공부했지만, 한 학기 후에는 신학을 중단하고 문헌학에만 전념하게 됩니다. 이렇듯 그는 부모에게 목사의 피를 물려받고 성장했지만, 청년기에 들어오면서부터 신의 사망선거에 대한 작업을 서서히 준비하고 있었습니다.

니체는 쇼펜하우어의 행복관처럼 염세주의적인 관점이 아니라 긍정적이고 낙관적인 힘찬 삶에 대한 "힘에의 의지Wille zur Macht"로 표현됩니다. 그는 그의 삶 자체를 역동적으로 살았을 뿐만 아니라 많은 사람들에게 일상적인 삶의 모습을 표본적으로 잘 보여 주고 있습니다. 니체는 긍정과 용기를 불러일으키는 삶을 말해 주는 철학자이기에 복잡한 현대를 살아가는 우리에게 용기와 삶의 에너지를 한층 불어넣어 주었습니다. 한마디로 그의 행복한 삶과 철학은 "힘에의 의지"로 표현할 수 있을 것입니다. 니체는 『도덕의 계보학』(1887)에서 약한 자들에 의한 도덕을 분석하면서 "힘에의 의지"에 대한 철학을 근거로 삼습니다. 니체는 최대 다수의 행복과 같은 공리주의적 행복관을 '영국적 행복'이라고 비판합니다. 공리주의의 행복관은 '안락주의Comfortismus'가 담겨져 있다고 하여 단호하게 거부합니다. 니체에게 행복이란 칸트적 의미에서 인간의 존엄함이나 의무, 공리주의적인 안락감이 아니라 내가 지금 여기에 살아있다는 사실에 대한 자각, 즉 자기 자신의 충일감과 같은 힘의 감정과 깊게 연관되어 있습니다.

> **행복의 효과** - 행복이 가져오는 첫 번째 효과는 **힘의 감정**이다. 우리 자신에 대해서든 다른 인간에 대해서든 표상에 대해서든 상상의 존재에 대해서든 이러한 힘의 감정은 **자신을 표현하고** 싶어 한다. 자신을 표현하는 가장 흔한 방식은 선물을 주는 것, 조롱하는 것, 파괴하는 것이다. 이 세 가지는 모두 하나의 공통된 근본 충동에 근거한다.

이렇게 니체에게서 행복이란 "힘의 감정"이며 삶이 상승된다는 고양된 의식과 연관되어 있습니다. 니체는 행복이 인간실존의 궁극적인 목적이 아니라고 말합니다. 행복은 약한 자의 모습으로도 나타날 수 있기 때문에 위버멘쉬(자기극복인)가 진정한 행복의 목적을 갖고 있습니다. 쇼펜하우어가 맹목적인 힘의 의지를 말했다고 한다면, 니체는 적극적이고 긍정적인 힘에의 의지를 힘주어 외칩니다.

"세계의 모든 사건은 매 순간 더 많은 힘을 얻고자 함으로써 끝없이 생성 변화하며, 이 힘의 의지로서 자연과 삶 자체의 진화와 존속 역시 삶과 죽음의 끊임없는 회귀를 통해, 고통과 행복을 통한 변천 속에서 계속된다. 식물들은 무엇을 향해 노력하는가? …… 원시림의 나무들은 무엇을 위해 투쟁하는가? 행복을 위해서? 아니다. 힘을 위해서다."

쇼펜하우어가 세계를 고통의 세계로 보았듯이, 니체도 인간의 삶의 현장은 고통과 연관되어 있기에, 우리가 삶을 이해하기 위해서는 고통을 들여다보아야 한다고 했습니다. "인간이 생을 그토록 깊숙하게 내면을 들여다보면, 고통까지도 그만큼 깊이 있게 들여다보게 됩니다." 그는 고통과 불행, 실수, 실패, 궁핍, 고뇌, 상처를 겪으며 영혼의 균형을 잡고 삶의 깊은 의미를 찾는 영혼의 경제학이 필요하다고 다음과 같이 강조하고 있습니다.

내 영혼의 전체적인 경제학과 "불행"을 통한 그것의 균형, 새로운 원천과 요구의 분출, 오래된 상처의 치유, 과거 전체에 대한 거부 등 - 불행과 연관된 모든 것은 동정을 베푸는 자를 전혀 고려하지 않는다: 그는 도움을 주려 하지만, 불행에는 개인적인 필연성이 존재한다는 것, 공포, 결여, 궁핍, 한밤중의 시간들, 모험, 도박, 실수 등도 그 반대의 것들과 마찬가지로 나와 너에게 필요하다는 것, 더 나아가 신비적으로 나를 표현하면, 나 자신의 하늘에 이르는 길은 항상 나 자신의 지옥에서 느끼는 쾌락을 통해야만 한다는 것을 생각하지 않는다. [...] 아, 안락하고 선량한 그대들은 인간의 **행복**에 대해 너무도 모르고 있다! 행복과 불행은 서로 함께 커가는 두 명의 오누이요 쌍둥이이며, 혹은 그대들과 같은 인간들에게서는 함께 **어린이로 머물러 있는** 오누이요 쌍둥이인 것이다!

위의 인용문에서도 보듯이, 니체에게서 영혼의 경제학은 자신을 불행하게 만들 수 있는 수많은 요인이나 상황, 조건에 대면해 그것을 극복하는 영혼의 치유술이자 긍정적 자기를 다시 탄생시키는 기술입니다. 그는 행복과 불행이 상호 적대적이거나 모순적인 것이 아니라, 함께 성장해 나갈 수도 있고 함께 어린아이처럼 미숙한 상태로 머물 수 있는 오누이요 쌍둥이 관계로 이해하고 있습니다.

니체는 학창시절 쇼펜하우어의 『의지와 표상으로서의 세계』(1818)를 읽고 사상적으로 깊은 영향을 받았고 바그너Richard Wagner, 1813~1883의 음악에 매료되었습니다. 니체는 사상적으로는 쇼펜하우어, 예술적으로는 바그너의 오페라, 민족음악 등으로부터 깊은 영향을 받았습니다. 그의 행복한 삶과 철학은 음악과 철학이론, 특히 그리스 고전이론을 어떻게 조화시키는가에 관심을 집중시켰습니다. 지금까지도 니체만큼 예술과 철학의 접목에 커다란 재능과 관심을 보인 학자는 거의 드물다고 할 수 있습니다. 그가 항상 외치고 있던 힘에의 의지도 이들 이론과 예술들의 결정체라고 해도 무방할 것입니다. 니체의 힘에의 의지의 행복한 삶과 철학은 거시적인 유럽문명에 대한 비판에서 시작하고 있습니다. 니체는 "우리의 모든 유럽문화는 천재지변으로 인해 불안해하고 있으며, 폭력적이고 당황하면서 이미 오래 전부터 매 세기마다 증가하는 긴장의 고문 속에서 움직이고 있다."고 절규합니다.

"우리는 새로운 정열, 왜 야만으로부터 가능한 귀환을 두려워하고 싫어하는 것인가? 야만이 인간을 현재보다 더 불행하게 만들 것 같기 때문인가? 아 틀렸다! 모든 시대의 야만인들은 더 행복했다. 우리는 생각하지 말자! 오히려 우리의 인식에 관한 충동은 우리가 인식 없는 행복을, 또는 강하고 확고한 망상의 행복을 평가할 수 있는 것보다 더 강하다."

우선 니체는 "힘에의 의지"에서 유럽의 허무주의를 고찰하고, 그 다음으로 지금까지의 최상의 가치를 살피고 부정하며, 세 번째로는 새로운 가치체계의 원리를 제시하고 마지막으로는 그리스 신화에서 등장하는 술의 신인 디오니소스적인 것, 자기극복인Übermensch을 훈련하고 길들이고자 했습니다.

• 행복은 자기 자신을 극복Übermensch하는 것이다

무엇보다 니체에게 진정한 힘에의 의지란 자기를 강화하고 자기 극복에의 의지이며 자신의 힘으로 자신도 구원하고자 하는 의지입니다. 힘에의 의지는 자기를 극복하고 어떤 상태에서도 끊임없이 도달하려는 힘에의 의지의 본성입니다. 그의 힘에의 의지는 자기 자신을 통제하고 자기가 이 세상의 주인이 되는 것을 말합니다. 힘에의 의지는 주인이 되고자 하고, 더 많은 힘을 얻고자 애쓰며, 더욱 강해지고자 하는 의지들이 내재하는 본성입니다. 따라서 의지들은 외적인 원인들에 의해서 나타나는 것이 아니라 자체 내의 운동에 의해서 나타납니다. 힘에의 의지는 끊임없이 자신을 고양시키는 것, 즉 자기 자신을 아주 높은 단계로 끌어올리고 자신에게 깊이와 풍요로움, 그리고 통일성을 부여하는 것을 의미합니다. 이러한 자기극복이 힘에의 의지의 본질입니다. 즉 힘에의 의지는 자신을 스스로 명령하고 지배하려는 의지, 그렇게 하여 자신을 극복하려는 의지입니다.

니체의 행복한 삶과 철학 가운데 중요한 하나는 **운명애**아모르 파티: amor fati 사상입니다. 자신의 삶을 긍정하고 사랑하는 것은 자기 긍정, 즉 자기존재의 확인으로서 자존감을 찾는 일입니다. 그는 “인간에게 있는 위대함에 대한 내 정식은 운명애다”라고 말합니다. 그는 다른 것을 갖고자 하지 않고 자신의 삶의 어둠이나 그림자를 은폐하고자 하지 않으면서 자신의 삶을 의연하게 수용하여 있는 그대로의 자기 자신을 사랑할 것을 요구합니다. 나 자신의 삶을 사랑하고 최선을 다해 나의 삶을 살아갈 수 있을 경우에, 다른 사람도 나를 기꺼이 도울 수 있는 것입니다. “너 자신을 도와라: 그러면 모두가 너를 도울 것이다. 이웃 사랑의 원리”, 삶의 고통이나 시련 등의 문제에 부딪혀서 최선을 다해 자신의 삶을 살아가는 것은 자기 자신을 사랑하고 긍정하는 정신이어야 합니다. 어려움이 나에게 언제든 닥쳐와도 스스로 일어서고 자신의 문제를 스스로 풀어내려고 노력하면 그 누군가가 도움을 줄 수 있지만, 다른 사람에게 의존하고 미움과 증오, 한탄과 원망으로 삶을 살아가는 사람에게는 그 누구도 제대로 도움을 줄 수 없습니다. 따라서 니체는 “내 인간애는 끊임없는 자기극복이다”라고 힘주어 강조합니다. 자기극복은 삶의 다양한 상황, 조건, 생각의 갈등, 가치충돌 속에서 이루어지며, 삶을 고양시켜 감사와 사랑, 능동과 긍정의 태도를 만들어내고 스스로 자신의 삶의 주인이 되게 합니다.

> “선과 악, 부유함과 빈곤함, 숭고함과 저열함, 그리고 가치의 모든 명칭들, 이것들은 무기가 되어야 하며, 생은 항상 자기 자신을 극복해야 한다는 것을 말해 주는, 달그락거리는 표지가 되어야 한다. [...] 생

은 오르기를 원하며 오르면서 자신을 극복하기를 원한다."

니체가 말하는 인간애를 실현하기 위한 조건으로서 자기극복은 건강한 자기 사랑으로 다시 돌아옵니다. 병든 방식으로 자기 자신을 사랑하는 것은 나르시시즘적인 병적 집착으로서의 자기애에 다름이 아니기 때문입니다. 니체는 "모든 존재자의 투쟁은 힘을 얻으려는 투쟁이고, 쾌락은 힘으로부터의 감정에서 나온다"라고 단호하게 말합니다. 또한 그는 자기극복인으로서 행복을 이렇게 말합니다.

> "나의 행복에는 도대체 무엇이 있단 말인가! 나의 행복은 빈곤 · 더러움 · 가련한 쾌락일 뿐이다. 그러나 나의 행복은 생존 그 자체를 시인하는 것이어야 한다!"

그에게서 힘에의 의지는 그 활동의 목적을 그 자체 속에 있다고 할 수 있으며, 이러한 목적은 의지의 본질과 같은 것입니다. 진정한 힘에의 의지는 무의미하게 생성되고 변화하는 지상으로부터의 도피를 통해서가 아니라 바로 이 지상의 현 세계에서 자신의 구원을 이루어 내는 것입니다. 이런 점에서 그는 과감히 자기 자신에게 먼저 신을 죽이는 행위를 주저하지 않습니다. 우리에게 가장 익숙한 니체의 격언은 "**신은 죽었다**"라는 문구일 것입니다. 니체는 "신이 죽었다"라고 외친 것을 더 넘어서 우리가 신을 죽였다고 과감히 말합니다. 그리고 이러한 신의 살해를 가장 위대한 행위라고 말합니다. 신의 살해행위는 인간이 신에 대한 의존과 종속 상태에서 벗어나 독립적으로 서기 위해서 아기가 어머니 품에서 벗어나 내딛는 첫걸음과도 같은 것이기에 지금까지의 행위 중에서도 가장 위대한 행위인 것입니다. 그래서 그는 다음과 같이 말합니다.

"우리는 행복을 발명해 냈다. 최후의 인간은 이렇게 말하고는 눈을 깜빡거린다."

니체는 점차 연구의 폭을 넓히면서 자신이 살아온 시대를 "신이 죽은 시대"라고 부르기를 주저하지 않았습니다. 니체는 『짜라투스트라는 이렇게 말했다』에서 다음과 같이 말합니다.

"모든 신들은 죽었다. 이제 우리는 위버멘쉬(자기극복인)로 살도록 원하겠다(Tod sind alle Götter: nun wollen, daß der Übermensch lebe)."

니체는 신이 죽은 우리의 시대를 허무주의nihilism가 지배하는 시대라고 극단적으로 말합니다. 허무주의를 뜻하는 낱말 니힐은 "공허한 무nihil"를 의미하는 라틴어이며, 우리말로는 흔히 허무주의라고 표현하기도 합니다. 허무주의란 우리의 삶이나 이 세상은 신의 죽음으로 더 이상 어떤 가치나 의미도 없고 오직 공허한 무만이 있을 뿐이라는 생각입니다. 단적으로 허무주의는 모든 존재하는 것을 절대적으로 부정하는 입장입니다. 이 세상의 모든 존재하는 것들, 즉 존재자 전체의 무제한적이고 완전한 부정을 의미합니다. 니체는 "허무주의란 무엇인가?"라는 물음에 대해 최고의 가치들이 이제는 더 이상 없음을 의미한다고 말합니다.

"허무주의의 목표가 결여되면 왜? 라는 물음에 대한 대답이 누락된다. 그러면 허무주의는 무엇을 의미하는가? 허무주의는 최고의 가치들이 탈가치화하는 것. 이것은 두 가지 뜻이 있다. A) 상승되어 가는 정신력의 징후로서 허무주의: 능동적 허무주의로서 이것이 강함의 징후일 수 있다. B) 정신력의 하강해가는 퇴행으로서의 허무주의: 수동적 허무주의: 쇠약함의 징후로서: 정신력이 피폐해질 대로 소진해버리고 고갈되어 버릴 수 있다."

최고의 가치들이 없어짐은 동시에 모든 가치들의 전도현상이 수행되고 있음을 뜻합니다. 그는 행복이란 "힘이 증가된다는 느낌, 저항이 극복되었다는 느낌"이라고 힘주어 말합니다. 힘이 증가 및 강화된다는 것, 저항이 극복된다는 것은 삶의 어려움이나 시련과 대면해 이를 극복한다는 것을 뜻하기도 합니다. 행복이란 그것이 극복될 때의 힘의 느낌, 이를테면 내가 지금 의미 있게 살아있다는 사실에 대한 최고의 자각을 깨닫는 것입니다. 그래서 니체에 따르면 행복은 어려움과 시련, 고난, 불행과 밀접한 연관이 있습니다. 삶에는 이러한 요소들이 동반되기 때문에 이러한 시련, 고난, 불행한 것을 극복하면서 삶의 의미를 되찾고 자신이 살아있다는 것을 분명하게 깨닫게 되는 것입니다. 이런 맥락에서 니체는 "힘과 승리가 지배하는 의식 속"에 "행복"이 있다고 힘주어 말합니다. 이러한 허무주의 현상을 19세기의 정신적 분위기와 연결시키면서 신의 죽음을 그의 시대정신 속에서 발견한다는 것입니다. 그런데 니체는 누가 신을 죽였고 왜 신은 죽었는가? 라는 물음을 계속합니다.

이러한 허무주의의 진정한 극복은 인간의 자기 강화, 인격의 강화에 의해서만 가능한 것입니다. 니체는 신의 죽음에서 비롯된 의미와 공백이 삶의 공허감으로 사로잡힐 수도 있지만, 오히려 이러한 신의 죽음이야말로 인간의 모든 창조적인 기능을 발휘할 수 있는 절호의 기회라고 생각하였습니다. 허무주의라는 낯선 손님이 우리를 반기고 있지만, 이는 이 세상이 절망이나 공허감으로 가득 찬 것이 아니라 오히려 이 지상에서의 은총과 은혜를 가져다 줄 수도 있기 때문입니다. 신의 죽음이란 사망선거를 통해 우리는 신의 천부적인 양심의 권위에 기대었던 이른바 절대적이고 무조건적인 가치에 구속받지 않는 "자유로운 열린 시야"를 가질 것을 촉구하였습니다. 신의 죽음으로 인해서 인간의 정신과 육체를 진정으로 건강하고 강인하게 만들 수 있는 가치들을 새롭게 창조할 수 있게 된 것입니다. 오로지 힘에의 의지는 자기 자신만을 북돋으며 더 높은 곳을 추구하려는 것을 목적으로 삼기 때문에 자기 이외의 어떤 가치도 귀중한 것으로 인정하지 않습니다. 따라서 니체가 비판하던 기독교의 신도 인간의 힘을 성장시키는 데 도움이 될 때야 비로소 가치가 있다고 말합니다. 그래서 니체는 허무주의 시대에 직면하여 "힘에의 의지"라는 새로운 삶의 긍정적 시도를 감행한 것입니다. 니체는 처음부터 허무주의, 염세주의, 퇴폐주의 등 근대성에 둘러싸여 있었지만, 힘에의 의지를 굳건하게 지키면서 낙관주의로 나아갔습니다.

이러한 의미에서 니체의 행복과 삶의 철학은 피안과 미래라는 환상을 통해서 인간을 위로하고 달래려는 값싼 위로의 철학이 아니라, 인간을 위험과 고통에 처하게 하여 그를 단련시키려는 해머를 들고 기존의 낡은 체계를 해체하여 새로 재편시키려는 의지가 충만한 행복한 삶과 철학을 얘기하고 있습니다. 우리가 니체의 행복한 삶과 철학을 음미하려는 것도 현대인에게 있어서 의지가 점점 박약해져 갈 뿐 아니라 타인이나 절대적인 힘의 소유자에게 나약하게 자신을 맡기려는 태도에 반성적 성찰이 강하게 작용하고 있습니다. 결국 힘에의 의지는 어떤 강력한 육체적인 힘을 의미하는 것이 아니라 자신의 내부에서 나오는 강한 디오니소스의 정신적 의지의 산물인 것입니다.

• 디오니소스적 행복이란 무엇일까?

니체는 디오니소스를 우리 자신에게 당면한 유한한 삶의 끊임없는 생성이라고 말합니다. 여기서 디오니소스의 생성은 디오니소스와 아폴론, 생성과 존재의 투쟁을 가리키기도 합니다. 니체는 생성이라는 삶의 성격에 따라 단지 삶의 목적을 갖는 것은 행복이 아니며 행복이나 고통 모두는 삶을 향해 변화해 나간다고 말합니다. 바로 이러한 삶을 고양시켜 나가는 것이 큰 행복이며, 행복을 긍정하는 방식입니다. 이 큰 행복이 일어나는 방식이 위버멘쉬입니다. 니체는 위버멘쉬의 큰 행복을 "**디오니소스적 행복**"이라 불렀습니다.

잘 알려져 있듯이, 니체는 그의 행복관 및 예술관을 표현하기 위해 그리스 신화에서 아폴론과 디오니소스라는 두 그리스의 신을 빌려 말하고 있습니다. 아폴론과 디오니소스는 모두 제우스Zeus의 아들이지만, 이 두 신은 전혀 다른 탄생과 성장 배경을 갖고 있으므로 그들이 상징하는 것 또한 매우 상이합니다. 예컨대 빛과 이성, 의술의 신이자 조형 예술을 상징하는 아폴론은 부모가 불멸의 신인 제우스와 레토Leto였던 반

술의 신 디오니소스

디오니소스 축제

면에, 포도주와 도취, 광란의 신이자 생명의 근원인 대지의 생산력과 음악 예술을 상징하는 디오니소스는 제우스와 인간 카드모스 왕의 딸 세멜레 사이에 태어난 반인반신半人半身이었습니다. 디오니소스는 제우스의 사랑을 받는 세멜레를 질투한 제우스의 아내 헤라가 세멜레를 속여서 제우스가 헤라에게 접근할 때와 똑같은 모습으로 나타나게 해 달라는 소원을 하도록 세멜레에게 권하였습니다. 어떤 소원이라도 들어 주기로 약속한 바 있는 제우스는 본의는 아니었지만, 번개의 모습으로 나타났기 때문에 세멜레는 그 자리에서 타죽었습니다.

그러나 태내에 있던 디오니소스는 살아나 제우스의 넓적다리 속에서 달이 찰 때까지 자란 끝에 태어났습니다. 이렇게 태어난 디오니소스는 니사의 요정님프의 손에서 자란 후로 각지를 떠돌아다녔는데, 이것은 헤라가 그에게 광기狂氣를 불어넣었기 때문이라 합니다. 디오니소스는 먼저 이집트로 가서, 그 이후에 시리아로 옮겼다가 아시아 전역을 떠돌아다니면서 포도재배를 각지에 보급하여 문명을 전달했다고 합니다. 또한 그는 지옥에서 어머니인 세멜레를 데리고 나와 천상天上에 있는 신들의 자리에 앉혔습니다.

아폴론은 올림포스 12신 가운데 하나로서 제우스와 레토 사이에

아폴론과 디오니소스의 대립관계

	아폴론적인 것	디오니소스적인 것
대상	환영	진실
태도	창조	지혜
성격	능동적	수동적
비극 신화	프로메테우스	오이디푸스

서 태어난 아들입니다. 여신 아르테미스와는 쌍둥이 동기간입니다. 레토는 제우스의 아내 헤라의 질투로 출산할 장소를 찾지 못하다가 델로스섬으로 도망쳐 그곳에서 아폴론을 낳았다고 전해 옵니다. 아폴론은 그리스계 이름이 아닌 것으로 보아 동방의 소아시아나 북방 민족으로부터 이입된 신이며, 본래는 목자牧者의 수호신으로 생각됩니다. 노미오스(목축의醫), 리카이오스(이리醫), 스민테우스(쥐醫) 등의 호칭을 가진 것은 이리나 쥐로 인한 피해를 막는 힘을 나타낸 것으로 해석됩니다. 나중에는 그리스적 성격과 문명의 대표적 신이 되어 국가에 있어 중요한 도덕이나 법률을 주관합니다. 특히 아폴론은 살인죄를 벌하고 그 더러움을 씻어 주는 힘을 지녔습니다.

이렇듯 서로 다른 배경을 가진 아폴론과 디오니소스는 그리스 신화에서 서로 대립된 쌍으로 존재하며, 니체가 예술을 설명하는 원리로써 적용했습니다. 니체는 아폴론적인 것과 디오니소스적 것을 바다와 배에 비유합니다. 디오니소스적인 힘은 바다처럼 여기저기 끊임없이 유동하고, 혼란스럽고, 역동적이며, 때로는 파도가 소용돌이 쳐서 위험하기까지 하지만, 배 안에서 인간은 평안함을 느낍니다. 배는 바다의 요동에 따라 자연스럽게 흔들립니다. 따라서 인간은 두 힘의 조화를 통해 안정 속에서 충만함을 느낍니다. 태양 빛에 비쳐 아름답게 찬란히 빛나는 산속의 고요한 호수 바닥에는, 그 바닥이 어디인지 알 수 없는 무서운 깊이가 감추어져 있습니다. 이 '무서운 깊이'가 디오니소스적인 것이며, 그 깊이 위에 아름답게 빛나고 있는 데 지나지 않는 표면적인 현상이 아폴론적인 것입니다. 니체는 모든 존재의 기초로서 세계의 디오니소스적 근저는 바닥없는 심연이라고 말합니다.

> "영원히 고통받는 자, 그리고 모순에 가득한 자로서 진실로 존재하는 것인 근원적인 한 사람은 자기 스스로를 구원하기 위하여 늘 매혹적인 환영, 즐거운 가상을 사용한다."

이처럼 행복의 조건인 불행과 고통을 극복하는 순간에 느끼는 디오니소스적 행복은 단순히 결핍이었던 욕망을 충족하는 것에 그치는 것이거나 인간의 자기보존을 위해 그치는 것이 아니라 이로부터 끊임없이 벗어나서 극복하고자 함으로써 가능한 것입니다. 디오니소스적 태도는 "존재긍정의 최고 상태로 구상한 것이며 모든 종류의 고통과 삶의 고양을 위한수단으로서 영원히 포함되어 있는 상태"입니다.

디오니소스적 행복은 공포와 전율이 도취된 세계입니다. 또한 니체의 디오니소스적 행복은 자연의 예술 상태로서 도취의 모습으로 나타납니다. 디오니소스적 도취에서 자연의 기쁨과 격정을 맛보며, 디오니소스적인 흥분과 환희를 만끽합니다. 또한 황홀한 도취는 디오니소스적인 충동의 직접적으로 전이轉移에 의해, 그리고 자연의 흠뻑 취한 현실에서 등장합니다. 왜냐하면 도취는 디오니소스적인 충동을 직접 전이하여 뛰어난 계시의 형식을 갖추고 있기 때문입니다.

> "도취가 자연이 인간과 행하는 유희라고 한다면, 디오니소스적 예술가의 창조는 도취와의 유희이다. 사람들이 도취를 스스로 경험하지 않았다면, 이 상태로는 비유적으로만 파악될 수 있다. 그것은 사람들이 꿈을 꾸면서 동시에 꿈을 꿈이라고 느끼는 것과 비슷한 것이다. 마찬가지로 디오니소스를 경계하는 사람은 도취상태에 있어야 하고, 동시에 관찰자로서 자신 뒤에 잠복하고 있어야 한다. 냉정과 도취가 번갈아 나타나는 상태에서가 아니라 나란히 나타나는 병존상태에서 디오니소스적 예술가가 드러난다."

니체에게서 도취는 디오니소스적 경험을 통해 삶의 고통스러움을 깨닫게 하여 디오니소스적 행복을 현실의 개별화 된 삶 속에 갇혀있는 것을 해방하고, 그사이에 존재하는 벽을 허물어 버리고자 하는 것입니다. 현실에서 벗어나 디오니소스적 황홀경으로 돌아가야만 삶의 고통을 견뎌낼 수 있습니다. 이때 투쟁과 고통은 거부해야 할 대상이 아니라 넘쳐나는 세계의지의 생산성에 필연적으로 뒤따르는 것임을 깨달아야 합니다. 디오니소스적인 것에서 고통에 가득 찬 삶 속에서 우리의 삶과 행복은 정당화됩니다. 그래서 디오니소스적 행복은 인간과 자연 그리고 동물의 경계를 뛰어 넘고자 합니다. 디오니소스적 도취와 광란은 불행과 고통을 이겨내고 우리의 삶을 긍정적으로 이끌어 나갑니다. 이러한 인간은 아폴론적 가상의 허울을 벗겨내고 창조적으로 형상화하며 진리보다는 삶을 앞세우며 긍정하고 사랑하고자 하는 것입니다.

11. 벤담의 행복한 삶과 철학: 양적인 쾌락에서 행복을 느낀다

제레미 벤담

제레미 벤담Jremy Bentham, 1748~1832은 런던의 유복한 변호사의 아들로 태어났습니다. 그는 영국 옥스퍼드 대학을 15세에 합격한 천재였으며 그곳에서 법학을 전공하여 변호사가 되었습니다. 하지만 그는 철학에 몰두하게 되고 독신으로 살면서 민간 연구자로 활동하였습니다. 벤담은 법률가인 동시에 철학자였습니다. 그의 주검은 사후 그의 유언에 따라 해부되어 골격을 재구성하여 조상彫像과 머리는 런던 대학에 보관되어 있습니다. 벤담은 『정부론에 관한 단편』(1776), 『도덕과 입법의 원리 입문』(1789) 등의 저서를 통해 그의 공리주의의 관점을 전개하였습니다. 그는 개인의 관심은 사회의 관심과 일치한다는 견해를 갖고 있었고, 자유주의 개혁운동의 선구자로 불리고 있습니다. 그는 『파놉티콘』(1791)이라는 저서에서 원형감옥을 설계하여 사회에 많은 파장을 불러일으키기도 했습니다.

• 양量적인 쾌락에서 행복을 느낀다

벤담은 젊은 시절에 읽은 조지프 프리스틀리Josph Prisstley의 『정부론』에 등장하는 "최대다수의 최대행복"이라는 말과 데이비드 흄David Hume의 『인간본성론』에 나오는 공리성功利性이라는 개념을 근거로 하여 정치 · 경제 · 사회 제도에 많은 영향을 끼쳤습니다. 그의 주된 사상은 『도덕과 입법의 원리 입문』에서 언급된 **공리의 원리**와 **자기우선의 원리**입니다. 즉, 그는 "자연은 인간을 쾌락과 고통이라는 두 주인의 지배 아래 두었습니다. 그리고 쾌락과 고통이 우리가 무엇을 해야 할 것인가를 결정해 준다"고 말합니다. 쾌락과 고통의 지배를 받는다는 것은 모두가 인정하고 있는 것이며 우리가 쾌락을 원하고 고통을 피하고자 한다는 것도 마찬가지입니다. 모든 인간은 쾌락을 얻고 고통을 피하기 위해 행위하며 더 나아가 자기 자신의 쾌락을 바라며 고통을 두려워하도록 되어 있습니다.

벤담의 **공리주의 제1원리**는 **행복**, 곧 쾌락의 추구와 고통의 회피는 누구나 바라는 유일하고도 옳은 행위의 목적입니다. 하지만 제1원리는 증명될 수도 없으며 증명할 필요도 없습니다. 왜냐하면 제1원리는 그 원리로부터 다른 여러 가지의 것을 이끌어 내는 출발점이기 때문입니다. 따라서 제1원리는 그 자체로 증명될 수는 없는 것입니다.

벤담에게서 공리의 원리란 "행동의 옳고 그름을 그 행동이 행복을 증대시키느냐 감소시키느냐에 의해 판정하는 원리"입니다. 그리고 이 원리는 "개인의 행동뿐만 아니라 정부시책의 옳고 그름에 대해서도 적용"되는 것입니다. 행위의 옳고 그름을 그 결과로 판단해야 하는 것입니다. 하지만 행위의 동기와는 무관합니다. 나쁜 결과가 누군가에게 고통을 가져다준다면, 좋은 결과는 행복과 쾌락을 가져다주어야 합니다. 그에 의하면, 공리의 원리에 맞는 행위에 대해서만 '마땅히 행해졌어야 할 행위' 또는 '옳은 행위'라고 말할 수 있습니다.

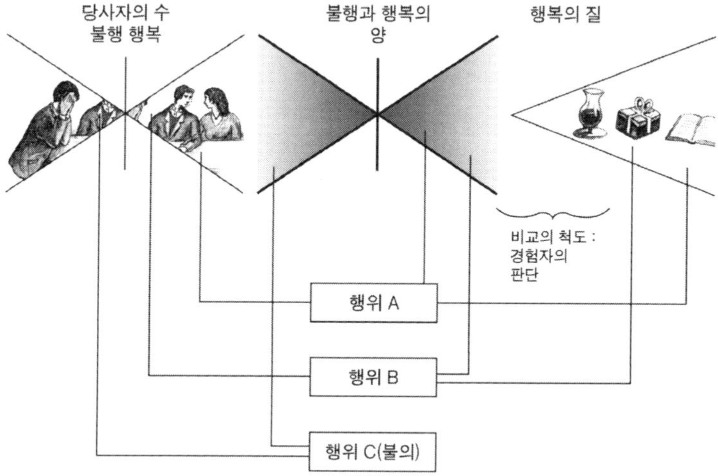

기대되는 행위 결과에 의거하는 행위의 판단과 선택

그는 행위를 **효용성**utility, 즉 결과를 가져오는 데에 유용한지의 여부에 따라 판단해야 한다고 주장합니다. 간단히 말하면 공리주의는 "행위의 정당성 여부는 행위의 결과가 좋고 나쁨에 의거하여 평가해야 한다"는 주장입니다. 여기서 벤담이 의미하는 "좋은 결과"란 쾌락입니다. 쾌락은 그 자체로 선이며 고통은 그자체로 악입니다. 자기우선의 원리란 "인간은 자기의 행복에 최대로 공헌하는 행위를 수행하려는 경향을 지니는 것"을 뜻합니다. 이 원칙은 다른 사람의 행복과 불행에 개의치 않고, 자기의 행복만을 최대로 추구하려는 성향을 말합니다. 각 사람이 공리의 원리와 **자기 우선의 원리**를 따르면 결과적으로 행복의 사회적 총량이 증대될 수 있으며, 이는 이기성의 원칙에 기초하고 있습니다. 벤담은 쾌락과 고통을 계산 가능한 것으로 보았는데, 실제로 그는 **쾌락 계산법**hedonic calculus을 고안하기도 하였습니다. 즉 어떤 쾌락이 강도가 강할수록, 지속성이 길수록, 확실성이 높을수록, 가까운 시일 안에 맛볼 수 있을수록, 다른 쾌락으로 연속할 수 있을수록, 고통이 덜 섞여 있을수록, 쾌락을 느끼는 사람의 수가 많을수록 좋다는 것입니다. 쾌락 계산의 기준은 (1) 강도intensity, (2) 지속성duration, (3) 확실성certainty, (4) 근접성propinquity, (5) 생산성fecundity, (6) 순수성purity, (7) 광도범위extent입니다.

기준	판단이유	독서	짬뽕
강도	독서보다 맛있는 짬뽕이 더 강한 매력을 준다	5	10
지속성	금방 먹을 수 있는 짬뽕보다 도서로 느끼는 쾌감이 더 오래 간다.	10	5
확실성	어떤 책은 지루할 수 있지만, 짬뽕은 대부분 맛이 있으므로 짬뽕을 통해 쾌락을 얻을 수 있는 가능성이 더 높다.	5	10
근접성	짬뽕을 시키면 오래 기다려야 하지만, 책은 집의 공부방에 있으므로 책이 더 빨리 쾌락을 얻을 수 있다.	10	5
생산성	짬뽕의 경우 모두 먹어치우면 쾌락이 더 이상 생겨나지 않지만, 독서의 경우 독서로 얻은 지식과 교훈으로 인해 생활 속에서 또 다른 쾌락이 발생한다.	10	5
순수성	짬뽕을 먹는 동안에 공통이 없이 순수한 쾌락만을 느끼지만, 독서는 눈이 침침하고 피로도가 쌓인다.	5	10
범위	짬뽕을 먹는 것보다 독서를 할 때 부모님을 포함해 더 많은 가족들이 나의 모습으로 보고 쾌락을 느낄 수 있다.	10	5
합계		55	50

여기서 강도와 지속성은 현재 느끼고 있는 쾌고快苦의 가치를 판정하는 기준이며 그것들이 얼마나 강하며, 언제까지 계속되는가를 판정하는 것입니다. 확실성와 근접성이 장차 느끼게 될 쾌고快苦의

가치를 판정하는 기준으로서 확실히 얻어지는 쾌락은 불확실한 쾌락보다 바람직하며 멀리 있는 쾌락보다는 가까이 있는 쾌락일수록 더 큰 가치가 있습니다. 생산성과 순수성은 행위 또는 사건의 평가에 사용되는 기준입니다. 어떤 행위가 계속해서 좋은 결과를 낳을 때에는 생산도가 있다고 하여 칭찬하며 계속해서 좋은 결과만을 낳고 고통이 그다지 수반되지 않을 때 순수성가 높다고 하며, 그렇지 못할 경우에는 순수성이 없다고 합니다. 범위는 쾌고가 얼마만큼 많은 사람들에게 영향을 미치고 있는가를 계산해야 한다는 것입니다. 여기서 벤담는 쾌락은 **양적인 차이**만 있다고 보았고, 질적인 차이는 전혀 고려하지 않았습니다. 예컨대 한 대학생이 친구들과 MT를 가서 음주를 했다고 합시다. 음주에 따르는 쾌락은 다른 쾌락에 비해서 강도나 확실도나 근접성에 있어서는 거의 손색이 없으나, 지속도에 있어서는 매우 짧으며 생산도나 순수성에 비추어 보았을 때도 보잘 것이 없습니다. 더구나 광도의 범위에 이르면 의심의 여지가 너무 많습니다. 그래서 그 대학생이 술을 끊었다고 합시다. 이때 그 대학생은 금주가 어떤 종교의 계율이기 때문에 술을 끊는 것이 아니라 음주가 면밀한 쾌락 계산에 의해 바람직하지 않기 때문에 금주한다는 것입니다.

궁극적으로 그의 **최대다수의 최대행복**은 민주사회의 지배원리이고 민주사회에서만 구현될 수 있는 원리라 말할 수 있습니다. 결국 민주사회는 국민이 주인이요, 국민을 위한 사회이기 때문에 최대다수의 최대행복을 지향하게 되고 그에 대한 구현을 가능하게 할 수 있습니다.

• 파놉티콘: 죄수를 교화시켜 사회적 행복을 찾는다

파놉티콘이란 단어는 실제로 우리 주위에서 일어나고 있는 다양한 감시 보안장치나 정치권력의 현상들과 마주치는 것을 말합니다. 처음으로 **"파놉티콘**panoptique/panoption" 이라는 개념을 제시한 사람이 벤담이었습니다. 프랑스어판 『파놉티콘』은 벤담이 1791년 프랑스 국민의회에 제출했던 것입니다. 애초 영어로 쓴 원본은 파놉티콘의 기술적 세부사항을 상세히 다루고 있지만, 프랑스어판은 프랑스 의원들을 설득하기 위해 원본의 핵심만을 뽑아 정리한 것으로 파놉티콘의 원리를 단숨에 이해할 수 있습니다. '감시시설, 특히 감옥에 대한 새로운 원리에 관한 논문'이라는 부제를 단 이 소책자는 프랑스 의원들의 즉각적인 동의를 얻어 그 구상이 실행에 들어갈 예정이었으나 이듬해 프랑스 정국이 급변하면서 폐기되고 말았습니다.

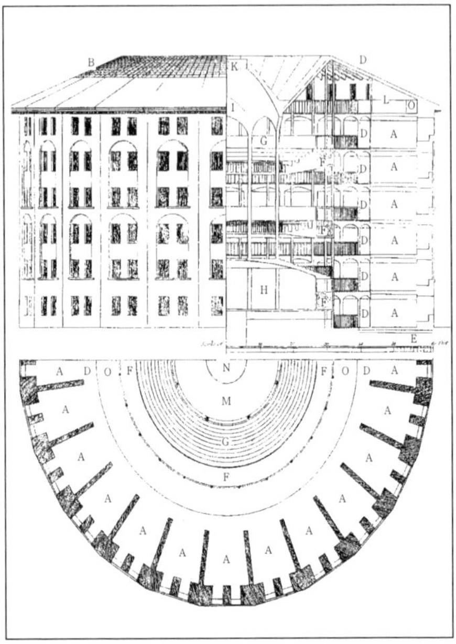

벤담의 파놉티콘 설계도

A: 수감자의 방 / F: 감독관의 감시 공간

벤담은 1786년 엔지니어인 동생의 작업장을 방문하였다가 아이디어를 얻어 파놉티콘을 고안하였습니다. 『파놉티콘』은 1791년에 파놉티콘의 초안을 담은 21통의 편지에 기술적인 세부사항이 덧붙여져 런던과 더블에서 출간되었습니다. 파놉티콘은 통제를 쉽게 하기 위해 만든 공간체계로서 실체가 보이지 않는 대상에 대한 불안과 공포의 증폭을 응용하여 만들어졌습니다. 병원, 학교, 공장에도 이용 가능한 이 구조는 의외로 간단합니다. 파놉티콘은 그 후로 한 번도 구상 그대로 실현된 적도 운영된 적도 없지만, 현대철학자 푸코는 이 원리에서 근대 사회의 비밀을 푸는 열쇠를 찾아냈습니다.

'최대다수의 최대행복'이라는 말로 유명한 벤담은 행복이 쾌락에서 나온다고 여겼습니다. 쾌락은 선이고, 고통은 악이라고 여겼기 때문에 죄수의 고통도 줄일 수만 있다면 줄이는 것이 사회의 행복에 보탬이 된다고 생각했습니다. 그래서 그는 지하 감옥보다 좋은 환경의 교도소를 만들어야 한다고 주장했고, 어떻게 하면 단 한 사람이 다수를 완벽하게 감시할 수 있을지, 어떻게 하면 많은 사람이 한 사람에게 집중할 수 있을지에 대해 연구하던 벤담은 원형감옥의 파놉티콘을 그 해답으로 내놓았습니다. 설계의 핵심은 '시선의 불평등 교환'에 있었습니다. 그의 설계도를 보면 바깥쪽 원주를 따라서 죄수의 방이 들어서고 중앙 원형 공간에 감시탑이 높게 들어섭니다. 중앙의 감시탑 안은 밖에서 들여다볼 수 없지만, 감옥 내부는 감시탑에서면 훤히 들여다보입니다. 죄수의 방은 항상 밝게 유지되고 중앙의 감시 공간은 언제나 어둡게 유지됩니다. 간수는 모든 죄수의 움직임을 볼 수 있지만 죄수는 간수가 무엇을 하는지 알 수 없을 뿐 아니라 감수가 자신을 감시하는지, 감시하지 않는지조차 알 수 없습니다. 그래서 죄수들은 결국 규율과 감시를 내면화해서 스스로를 감시하고 감시에 복종하게 됩니다. 여기에서 감시는 정보를 캐내는 것에 한정되는 것이 아니라 제어나 통제로까지 확장하였습니다. 죄수들은 시선을 내면화해 자기 자신을 감시하고 그 감시에 복종합니다. 최소한의 노력으로 최대의 효과를 누리는 완벽한 통제장치인 셈입니다.

벤담은 이 **원형감옥**의 운영자가 되기 위해서 20여 년 동안 노력을 했었다고 합니다. 이는 그 시기의 감옥과는 전혀 다른 것이어서 사회적인 이슈가 되었습니다. 그러나 현실과는 너무 다르기 때문에 여러 지식인들에게 거부감을 주었고 벤담의 이 제안은 실현되지 못했습니다.

벤담은 이것을 감옥을 만들려는 계획에 한정되어 구상한 것이 아니라 모든 시설로 확대되기를 다음과 같이 원했습니다. "이 원리는 다행스럽게도 학교나 병원, 즉 한 사람이 다수를 감독하는 일을 맡을 경우에 적용될 수 있습니다." 또한 그는 파놉티콘의 원리는 감시와 경제성을 연결해야 하는 거의 모든 시설에 성공적으로 적용할 수 있다고 보았습니다. 파놉티콘식 공장은 한 사람이 수많은 작업을 효율적으로 감독하는 '진정한 산업 건물'이 될 수 있으며, 파놉티콘식 병원은 청결 · 환기 · 의약품 관리에서 어떤 소홀함도 허락하지 않는 최상의 병원 모델을 제공합니다. 단적으로 그에게서 감옥의 본질적인 장점은 모든 것을 한눈에 파악할 수 있는 능력을 의미하는 **파놉티콘**이었습니다. 즉 벤담에게 있어서 파놉티콘은 사회의 모든 곳에 적용되어야 할 모델로 간주되었습니다. 여기서 파놉티콘은 당시 망원경과 유사한 광학기구를 일컫는 용어로 종종 사용되었는데 그리스어로 모두 본다Pan: all + Option: seeing 또는 vision라는 의미를 지닙니다. 즉, '원형 감시 시설'로 옮길 수 있는 파놉티콘은 '한눈에 전체를 pan-' '들여다 보다opticon'라는 뜻입니다.

12. 밀의 행복한 삶과 철학:
질적인 쾌락에서 행복을 느낀다

• 질적인 쾌락에서 행복을 느낀다: 배고픈 소크라테스

존 스튜어트 밀

밀John Stuart Mill, 1806~1873은 벤담과도 친교가 두텁고 동인도 회사의 최고관리이자 저명한 경제학자였던 제임스 밀의 장남으로 런던에서 태어났습니다. 10세 때에 아버지가 근무한 동인도 회사에서 일하면서 저작활동을 하였습니다. 그는 세 살 때부터 그리스 · 라틴어를 배우며 철저한 주지주의 교육을 받았습니다. 그는 소년시절 벤담의 저서에 많은 영향을 받았으며 16세 때에 공리주의자학회를 조직하고 공리주의의 연구에 힘썼습니다. 17세부터 동인도 회사에 근무하면서 공리주의 운동에 관계하였지만, 의심을 품고 이상주의로 전환하였습니다. 그는 웨스트민스터시의 국회의원이 되어 여성에게 투표권을 주자고 주장한 첫 번째 국회의원이기도 하였습니다. 그는 21년을 기다린 끝에 사랑하는 여인과 결혼하였으며, 그의 저서 『자유론On Libery』은 부부의 공동작이라 알려져 있습니다. 그녀는 밀과 결혼한 지 7년 만에 폐출혈로 사망하였습니다. 밀은 여행 중 세상을 떠났는데 프랑스 아비뇽에서 사망하여 사랑하는 아내 곁에 묻혔습니다. 『공리주의Utilitarianism』(1863)는 밀의 대표작으로 전해져 내려오고 있습니다.

밀은 스승인 벤담의 공리주의가 “차갑고 기계적이며 호감이 가지 않는 특성”을 지니고 있다고 비판하면서 벤담의 이론을 수정하였습니다. 밀은 벤담의 쾌락 대신에 행복을 선택했습니다. 그에게 있어서 행복은 쾌락이며 고통의 부재라는 벤담의 원칙은 받아들이지만 양量만을 계산하였던 벤담과는 다르게 ‘쾌락의 질적 차이’를 인정하였습니다. 그래서 밀은 이기적이고 개인적인 성격의 공리를 수정하여 공리주의를 **최대다수의 최대행복**the greatest happiness of the greatest number으로서 사회적 성격이 강한 철학으로 발전시켰습니다.

밀의 공리주의는 벤담의 이론과 거의 유사합니다. 하지만 쾌락을 양적으로 다루지 않고 **질적으로 접근**하였으며 벤담이 주장한 쾌락의 계산법에 반대했습니다. 밀에 의하면, 벤담의 경우처럼 쾌락을 단순히 양적인 기준에 의해서만 측정할 것이 아니라 양과 더불어 질적으로도 고려해야 한다고 합니다. 왜냐하면 다른 모든 것들을 평가함에 있어서는 양과 더불어 질을 고려하면서 쾌락의 평가에 있어서만 양에만 의존한다고 생각하는 것은 불합리하기 때문입니다. 밀은 만족해 있는 돼지보다 불만족스러운 인간인 것이 좋고 만족해 있는 바보보다는 불평불만이 많은 소크라테스와 같은 철학인이 것이 더 낫다고 믿었습니다.

즉, 그는 “**배부른 돼지가 되기보다 배고픈 소크라테스가 되는 것이 낫다**”고 말합니다. 인간은 단순히 쾌락의 양에 의해서만 지배되는 것이 아닙니다. 인간에게는 인격 특유의 품위감이 있기 때문입니다. 품격 있는 사람들과 고상한 감정 능력을 지닌 사람들은 언제나 질적으로 높은 쾌락을 선택할 수 있습니다. 만일 품위감이 손상될 때에는 아무리 육체적 또는 정신적 쾌락을 성취했다고 할지라도 행복을 느낄 수 없을 것입니다. 따라서 쾌락과 고통은 그 자체로서 독립해 있는 것이 아니라 인간의 품성에 달려 있다고 할 수 있습니다. 따라서 그는 인간의 행복에는 쾌락 이외의 다른 도덕적 가치가 있다는 것을 인정하였습니다. 이것이 밀의 공리주의가 지닌 인본주의적 성격인 동시에 행복주의적 공리주의, 질적 공리주의라 불리는 이유입니다.

그러면 밀에게 있어서 공리주의의 제1원리는 무엇일까요? 제1원리는 최대행복의 원리입니다. 이 원리에 의하면, 행복이 단순히 하나의 활동을 위한 목적이 아니라 모든 활동이 그것을 위해서 행해지는 유일한 최고의 원리를 말합니다. 그러면 행복이란 무엇일까요? 행복은 적극적인 의미로는 쾌락이며 소극적인 의미로는 고통의 결여입니다. 마치 불행이 쾌락과 고통의 결여인 것처럼 말입니다.

행위는 인간이 행복을 증진할 때에는 옳으며 불행을 증진할 때는 그르다고 파악합니다. 인간의 본성은 이기적이고 자기중심적인 것만이 아니라 이해, 동정, 자비 등을 지닌 자기 규제적이고 이타적인 존재라 할 수 있습니다. 예컨대 “너의 이웃을 네 몸같이 사랑하라”는 성경 구절이 공리주의 철학의 이상理想이 되었습니다. 행복은 쾌락(혹은 고통의 결여)을 의미하고, 불행은 고통(쾌락의 결여)을 의미합니다. 밀은 행복을 낳는 행위는 선하고 불행을 낳는 행위는 악한 것으로 간주하였습니다.

인간에게는 동물적 욕망만 있는 것이 아니라 지성, 정서, 상상력, 도덕성과 같은 높은 단계의 능력이 있습니다. 행복은 선함을 밝히기 위해서, 우리 각자의 행복은 그 사람에게 선한 것이요, 일반적 행복은 모든 사람에 선한 것임을 보이는 것으로 충분합니다. 하지만 공리주의가 정당화되기 위해서는 ‘공리’가 ‘정의’에 의해 보완되어야 합니다. 따라서 밀은 ‘사회정의나 분배의 정의는 공리의 의미 속에 포함되어 있거나, 혹은 최대행복의 원리에 함축되어 있다”고 주장하였습니다.

13. 마르크스의 행복한 삶과 철학: 노동하는 삶에서 행복을 찾는다

• 사회적 존재의 삶에서 행복을 찾는다

칼 마르크스

마르크스Karl Heinrich Marx, 1818~1883는 독일의 라인강의 한 지류인 모젤 강변의 트리어Trier라는 중세풍의 조그만 도시에서 부유한 변호사의 아들로 태어났지만, 그처럼 일생을 가난한 자, 노동자를 위해 헌신하고 그에 대한 연구에 일생을 바친 사람도 별로 많지 않습니다. 그가 추구한 행복관은 단적으로 노동자들을 위한 불합리하고 부조리한 사회현실을 변화시키는 것이었습니다. 그는 지금보다 조금 나아지고 보다 합리적일 뿐 아니라 추함이 전혀 없는 세계, 낡은 쪼가리로 이리저리 붙어 있는 지저분하고 다 떨어진 낡은 의복이 아니라 완전한 새 옷, 참으로 아름다운 새로운 세계를 건설하고자 하는 인간의 행복을 꿈꾸는 그러한 사회를 건설하는 것이었습니다.

"사회 구성원 어느 누구도 우리에게 행복을 가져다주지 못하고 갈등만을 일으키는 물질적 풍요란 무슨 소용이 있을까요? 부유한 자와 가난한 자의 대립과 갈등을 없애고 모두가 다 잘 살 수 있는 방법은 없을까요?"

이것은 마르크스가 고민한 그 시대의 과제였고 해결할 문제였습니다.

20세기의 1990년을 기점으로 독일의 통일과 소련의 붕괴 이후로 사회주의가 거의 몰락이 길을 걸었지만, 그의 사상은 오랫동안 자본주의건 사회주의이건 간에 우리 사회 전반에 걸쳐 많은 영향을 끼쳤습니다. 그래서 마르크스의 많은 업적들은 장구한 사회사상사 속에서도 그에 필적할 만한 대상을 찾기란 그리 쉽지 않습니다. 사람들은 심지어 청년 마르크스를 일컬어 인간을 추위와 어둠으로부터 해방시키기 위해 신에게 불을 훔쳐오고, 예술과 과학을 인간에게 건네준 것으로 알려진 불의 신 프로메테우스Prometheus와 비교하기도 합니다. 프로메테우스는 인간의 창조적 재능, 진보와 자유, 그리고 행복을 추구하는 지칠 줄 모르는 충동의 상징이었습니다.

마르크스도 자신의 박사학위 논문인 "데모크리토스와 에피쿠로스의 자연철학 차이"(1843) 서문에서, 악화된 시민들의 지위에 대해 프로메테우스가 신들의 심부름꾼인 헤르메스에게 답했던 것처럼 다음과 같이 인용하고 있습니다.

> "당신에게 강제되어 있는 나의 불행한 상황을 바꾸지 않겠다.
> 분명히 들어라! 결코 바꾸지 않겠다.
> 아버지 제우스의 충실한 사환이 되느니
> 차라리 이 바위에서 살리라"
>
> (아이스킬로스의 프로메테우스 966~969쪽 인용)

마르크스는 어린 시절부터 사회를 위해 일하겠다는 의지를 여러 메모에서 밝히고 있습니다. 한 실례로 "만일 한 인간이 자신의 삶 속에서 인류의 가장 훌륭하게 봉사할 수 있는 위치를 선택한다면,

그는 자신의 행복이 다수에 속하기 때문에 결코 사소하고 한정적인 자기본위의 기쁨에 젖어들지는 않을 것이다"라고 말하고 있습니다. 마르크스는 행복을 단지 일상적인 개인의 기쁨이나 안락함 같은 것에서 찾지 않았고 사회개혁자나 혁명가가 그러하듯이, 사회문제의 속도가 어떻게 진행되어 가는가에서 찾았습니다. 그래서 그는 인간의 본질은 "사회적 관계의 총체"라고 말합니다. 마르크스의 대표적인 잠언 중의 하나는 "**인간의 의식이 그들의 존재를 결정하는 것이 아니라 사회적 존재가 그들의 의식을 결정한다**"는 것입니다. 이것은 많은 사람들이 흔히 얘기하듯이, 사유의 패러다임을 변화시켜야 한다는 것과 상통합니다.

• 노동하는 삶에서 행복을 찾는다

마르크스는 사회법칙을 지배하는 법칙을 발견함으로써 노동계급에게 사회적 압제를 떨쳐버리고 삶의 존엄성, 즉 인류 복지와 각 개인의 육체적, 정신적 재능의 자유롭고도 전면적인 발전을 위한 필요조건을 창출해 낼 수 있도록 그 진정한 길을 제시해 준 최초의 사상가로 기억되었습니다. 산업혁명을 통한 생산력의 급속한 성장은 인간에 의한 인간의 착취를 종식시키고 노동을 해방시켜야 한다는 거대한 역사적 과업을 수행해 나갈 수 있는 현실적 기초를 마련하였습니다.

이러한 점에서 마르크스의 행복론은 노동의 인간학이나 생산의 유물론에서 찾을 수 있습니다. 마르크스의 사회적 노동과 사회적 역사의 개념, 역사 유물론은 그가 일생을 두고 몰두한 작업입니다. 마르크스에게서 노동의 인간학은 인간의 본질을 노동에 의해 정의하고 있다는 사실입니다. 인간은 본질적으로 노동하는 존재라는 사실, 더 정확히 말하자면, 인간의 본질적 활동은 노동에 의해 결정됩니다. 마르크스가 말하는 노동은 단지 개인적인 차원에서의 노동이 아니라 좀 더 넓은 의미의 사회적 노동을 의미합니다. 왜냐하면 사회적 노동은 숙련도나 노동의 강도에 있어서 사회적으로 평균적인 노동을 뜻하기 때문입니다.

예를 들어 마르크스가 말하는 사회적 노동은 예쁜 질그릇을 만들기 위해 많은 노력과 시간을 들이는 도예가의 노동이 아니라, 소 · 도매시장에 내다 팔기 위해 질그릇을 만드는 도자기공의 사회적 노동을 가리키는 것입니다. 마르크스의 초기 사상에 나타난 『경제학 철학수고』(1844), 『독일 이데올로기』(1845) 등의 저서에서 사회적 노동에 대한 휴머니즘적 요소를 마르크스 사상 전체의 핵심으로 파악하고 있습니다. 노동의 인간학을 통한 소외론은 그의 행복관의 주요한 특징이라 말할 수 있습니다. 마르크스는 『경제학 철학수고』에서 노동의 소외, 자연으로부터의 소외, 인간의 소외를 다루고 있습니다. 이것은 독자적인 형태의 소외가 아니라 어디까지나 활동의 중심항, 즉 노동소외라는 규정 노동의 인간학으로부터 도출하고 있습니다. 마르크스는 명시적으로 노동활동, 인간의 본질을 실현시키는 실천이자 중심범주로 생각하였습니다. 따라서 그는 노동의 소외야말로 그 밖의 다른 사회적 · 인간적 소외를 발생시키는 원인으로 고정시킨다고 보았습니다. 마르크스에게서 인간의 본질은 정신이 아닌 노동에 있기 때문에 인간은 노동을 통해 자아를 실현하는 것이라 생각하였습니다.

그런데 이 사회는 노동으로 인해서 오히려 인간을 비인간화 내지 소외화시키고 있다는 것을 깨달았습니다. 예를 들어 내 땅에서 열심히 벼농사를 지은 농부는 자기가 노동으로 키운 벼 작물을 통해서 자부심과 삶의 충만함을 느낍니다. 그러나 노예는 그 사정이 다소 다를 수도 있습니다. 노예는 주인이 시키는 것만 일하거나 죽지 않기 위해서 일할 뿐이기 때문에 노동은 고통만을 낳습니다. 20세기 이후 자본주의 사회가 급속하게 진행되면서 사람들의 노동이 노예와 같은 상황으로 만들어 버렸습니다. 자신이 생산한 물건은 대부분 자기 자신의 능력으로 살 수도 가질 수도 없습니다. 단지 노동은 최소한의 생계를 유지하기 위해 치러야 할 고통일 뿐이라는 점입니다. 그래서 그는 자본주의 사회 아래서는 고통이 증가되기 때문이 자본주의가 파괴되어야 한다고 믿었습니다. 자본주의 사회에서 노동자의 운명은 점점 더 악화될 것이라는 생각입니다. 자본주의는 일종의 기계와 같고 그 안에 포섭된 노동자들과 마찬가지로 붙잡힌 몸이며 기계가 그들에게 명령하는 것 이외에는 아무 것도 할 수가 없다고 말했습니다. 이러한 의미에서 자본주의 사회의 인간은 노동으로부터 소외되어 있다고 말합니다.

마르크스의 노동과 실천에 대한 새로운 문제 설정은 『포이에르바하에 관한 테제』(1845)에 잘 드러나 있습니다. 마르크스는 이 테제에서 "인간의 본질"은 무엇이며, 이것이 "어떻게 소외되었는가"라는 문제의 설정을 통해 인간 실천활동의 결과에 주목하고 있습니다. 마르크스의 실천에 대한 새로운 문제설정은 현실 세계에 대한 단순한 이해를 넘어서 세계를 획기적으로 변화시키는 데 있었습니다. 그래서 그는 테제 11번째에서 다음과 같이 언급합니다.

> "이제까지의 철학자들은 단지 세계를 해석해 왔을 뿐이다. 문제는 이 세계를 변혁시키는 데 있다."

이 문구는 후에 마르크스 자신뿐만 아니라 그를 추종하는 많은 사람들에게 광범위한 영향력을 발휘하였습니다. 이 말은 마르크스 혁명이론의 핵심을 이루고 있습니다. 마르크스에게서 역사는 자본주의에서 사회주의로 발전하는 혁명을 향해서 움직여 가고 있다는 것을 확신합니다. 자본주의 사회는 무의미한 노동과 메마른 가정생활 속에 가두어 놓는다는 사실을 깨닫는 것만으로는 충분하지 못하다는 것입니다. 중요한 것은 현재의 상태를 완전히 뒤집어 놓는 혁명입니다. 그는 사회주의로 향하는 역사, 계급이론을 형성한지 몇 년 후에 경제이론을 발전시켰습니다. 그의 경제이론은 자본주의의 역사발전이 사회주의를 가능하게 하는 조건을 마련한다는 것을 명백하게 하려고 하였습니다. 마르크스는 자본주의를 정의하기를, 노예도 농노도 아니며 자유민인 노동자의 노동을 이용하여 생산수단을 소유하는 자의 사적이윤을 위해 그 생산수단이 작용하는 사회제도라고 하였습니다. 따라서 노동자 계급이 곧 닥칠 투쟁에서 승리를 쟁취할 것이라 생각했습니다. 마르크스가 소외의 과정을 유물적으로 해석하여 혁명의 이론으로 발전시켰습니다. 현재에 소외에 대한 의식이 보편화되어 있는 상황에서 그의 이론은 여전히 많은 시사점을 던져 주고 있습니다.

14. 호네트의 행복한 삶과 철학: 행복한 삶을 가능하게 하는 사회적 조건은 무엇일까?

악셀 호네트

악셀 호네트Axel Honneth, 1948~는 독일의 공업지역인 에센Essen 지방에서 태어났습니다. 그는 보쿰대학 시절에 SPD독일 사회 민주당 청년조직에 가입하여 정치적 참여에 눈을 떴습니다. 이 시절에 그의 철학적 문제는 노동자 운동의 관점에서 해명하는 것이었습니다. 호네트가 자란 에센은 탄광과 공장이 많은 루르 공업지역이었습니다. 아버지가 의사였던 호네트는 유복한 유년기를 보냈고 중등학교에 입학하고 나서 광산노동자 가정의 친구들을 사귀면서 일상의 곤궁함을 배웠습니다. 호네트는 당시를 이렇게 회상합니다. "우리는 서로 창피함을 느꼈다. 한쪽은 자신들의 부유함을, 다른 한쪽은 그들의 가난함을 부끄러워했다." 아마도 이러한 경험이 호네트에게 노동과 분배의 문제를 계속해서 자신의 이론에 있어서 원동력의 축으로 작용하였을 것으로 생각됩니다.

그는 루카치, 블로흐, 코르슈, 하버마스 등 마르크스주의자들에게 영향을 받았습니다. 독일의 콘스탄츠대학과 베를린 자유대학 교수로 있다가 1996년부터 하버마스의 후임자로 프랑크푸르트대학의 철학과 교수가 되었고, 2001년 이후 프랑크푸르트학파의 산실인 사회연구소 소장을 역임했습니다. 그는 자신의 대표개념이 된 인정이론을 계속 발전시키면서 심리학과 정신분석학, 사회에 대한 경험적 연구를 종합하여 규범적 의미에서 프랑크푸르트학파의 사회비판의 전통을 이어 나가고 있습니다. 헤겔 좌파적 전통을 계승한 마르크스의 인간해방 사상은 부단한 혁신을 거치면서 프랑크푸르트학파의 비판사회이론으로 이어져 오고 있습니다. 호네트는 제1세대인 호르크하이머와 아도르노, 제2세대인 하버마스의 뒤를 이은 프랑크푸르트학파 제3세대의 대표자로 일컬어집니다. 제1세대가 '계몽의 변증법 테제'를 통해, 그리고 제2세대가 '의사소통행위이론'을 통해 현대사회를 비판했다면, 호네트는 이들의 지적 전통을 계승하면서도 '인정이론'에 기초한 행복에 대한 새로운 사회비판이론을 발전시키고 있습니다. 대표 저서로 『인정투쟁』(1992), 『물화』, 『정의의 타자』(2000) 등이 있습니다.

• 행복한 삶을 가능하게 하는 사회적 조건은 무엇일까?: 인정투쟁

호네트에게 행복한 삶과 철학의 핵심은 인정이라는 개념입니다. 그는 이 개념에 근거하여 새로운 사회 비판모델과 미래사회의 행복을 제시하였습니다. 일상적으로 쓰이는 인정이란 말은 "남을 인정하라", "남을 무시하지 말라"라는 반대말과 함께 쓰이는 개념입니다. 그만큼 인정이란 개념을 이렇게 표현하는 이면에는 다양한 맥락이 있다는 것을 엿볼 수 있습니다. 예컨대 이주 노동자들을 업신여기거나 우리보다 열등한 존재로 취급하지 않는 것, 가부장적인 의식에서 여성을 남성보다 열등한 존재로 취급하지 않는 것, 다른 지역 출신이라는 이유로 사회적으로 배재하지 않는 것, 성의 정체성이 다르다는 이유로 동성애자를 비정상인으로 취급하지 않는 것 등이 그러합니다. 다원화된 사회에서 우리는 사회적 인정의 대상과 내용을 확장하려는 **인정투쟁**에 더 많이 직면하게 됩니다. 이러한 인정투쟁은 자신을 무시한 상대방을 파괴한다던지, 자신을 무시한 사회 자체를 철폐하려는 것이 아니라 사회에 새로운 인정 질서를 형성함으로써 개인의 삶을 보호하려고 한다는 점에서 도덕적 정당성을 지니는 것입니다.

호네트의 관심은 **'단지 어떤 사회가 올바른 사회인가?'를 묻는 것이 아니라 '어떤 사회가 인간의 행복한 삶을 가능하게 하는가?'**를 실천적으로 이행하고자 하는 데 있었습니다. 다시 말해 그는 인간에게 **행복한 삶을 가능하게 하는 사회적 조건**이 무엇인가에 주안점을 두었습니다. 따라서 호네트는 타자의 사회적 인정을 자신의 성공적인 자아실현의 필수적 조건으로 규정하였습니다. 이렇게 사회적 인정이 보장되었을 때, 그는 행복한 삶이 가능해질 수 있다고 보았습니다. 즉, 호네트는 사회 병리현상을 극복하기 위한 인정투쟁을 사회비판의 주된 테제로 보았습니다. 사회 병리현상이란 소외, 물화, 상품의 물신숭배, 공동체의 상실, 탈개성화, 상품과 같은 개념 등을 일컫습니다. 호네트의 행복한 삶과 철학에 따르면 한 사회를 좋은 사회라 부를 수 있으려면 그 사회가 구성원들에게 보람차고 성공적인 삶을 살아갈 수 있도록 토양을 제공해야 합니다. 따라서 사회의 잘못된 발전을 진단하는 병리학으로서의 사회철학은 그동안 축적해 온 경험적 지식을 바탕으로 좋은 삶을 살아가기 위해서 필요한 공동의 인간적 조건을 재구성할 수 있어야 합니다. 호네트의 행복한 삶과 철학의 **인정개념**은 다음과 같이 세 가지 형태로 이해할 수 있습니다.

첫째, 상호인정 관계는 **사랑**Liebe이란 형태에 있습니다. 호네트는 막스 셸러Max Schler의 사랑 공동체Liebegemeinschaft, 사회Gesellschaft, 연대에 기초를 둔 인격 공동체를 사회적 통합의 본질형태로서 구분합니다. 셸러는 이러한 형태들을 철학자 헤겔처럼 인격적 존재의 실현단계로 놓았습니다. 헤겔은 사랑을 남녀 사이의 성적 충족관계 이상으로 규정했습니다. 헤겔은 사랑개념을 가족 내의 부모와 자식 간의 정서적 관계에 적용하고 있는데, 이는 사랑이 첫 번째로 상호인정관계라는 사실입니다. 왜냐하면 사랑의 실현은 그 주체들이 서로 본능적 욕구를 가진 존재로 확증하고 인정하기 때문입니다. 남녀는 충만한 사랑으로 서로를 향하고 있다는 것을 경험을 통해 알게 되며 자신들의 욕구 속에서 서로가 의존하고 있다는 사실을 알게 됩니다. 그래서 인정은 정서적 일치와 격려라는 성격을 갖게 됩니다.

모든 사랑의 관계는 생후 6개월간의 어머니와 아이의 근원적인 상호융합 상태의 체험에 대한 무의식적 회상에 근거를 두고 추진된다는 가정에서 시작됩니다. 이러한 공생적인 내적 관계는 일생 동안 주체들의 배후에서 타인과 융합하고자 하는 욕구를 불러일으킨다는 점에서 충만한 만족감을 경험합니다. 인간은 타인과의 관계에서 사랑이라는 인정을 경험하면서 자신감이라는 긍정적인 자기의식을 형성합니다.

여기서 호네트가 말하는 자신감은 사랑의 경험이 해당하는 당사자에게 가져다주는 심리적인 동반 현상을 말합니다. 예컨대 내가 어떤 여성을 사랑한다면, 나는 그녀의 아픔을 나의 아픔으로 느낄 것입니다. 왜냐하면 그녀는 분명 나와 다른 존재지만 바로 내 안에 있기 때문입니다. 그렇다고 하여 나에게 느껴지는 아픔이 바로 나의 직접적인 아픔은 아닙니다. 그래서 나는 내가 아닌 그녀를 위로하게 됩니다. 사랑을 통해 그 당사자들은 정서적인 욕구를 지닌 존재로 인정되며, 사랑을 통해 요구가 충족됩니다. 서로 분리되면서 하나가 되는 정서적 결속 상태, 그렇기 때문에 상대방의 욕구와 필요를 자신의 욕구와 필요인 것처럼 공감하면서 상대방을 배려하는 관계, 이것이 바로 상호작용하는 사랑입니다. 이처럼 인간에게는 정서적 욕구와 지속적인 긍정과 인정의 힘이 필요합니다. 이러한 인정은 연인, 가족, 친구와 같은 정서적으로 친밀한 관계 속에서 구현됩니다. 그래서 호네트는 이러한 정서적 차원에서의 인정을 사랑이라 불렀습니다.

둘째, 상호인정관계는 법적 **권리의 동등한 인정**을 통해 형성됩니다. 이 관계에서는 인정 행위의 **도덕적 의미**에서 출발합니다. 호네트에 따르면, 인간은 타인의 인정을 지속적으로 경험할 때 자신에 대한 긍정적 의식을 형성할 수 있으며, 이러한 긍정적 자기의식 아래서 자기 자신을 적극적으로 실현할 수 있다고 말합니다. 개인들은 한 사회의 정상적인 구성원들이 향유하는 제도적 권리가 자신에게 부여될 때 자기 자신이 사회의 구성원으로 대우를 받고 있다고 느끼며 자신에 대한 존중의식도 갖게 됩니다. 동등한 권리를 향유하였을 때 긍정적인 자기의식을 갖는다는 것은 역으로 동등한 권리를 향유하지 못할 때 긍정적인 자기의식을 제대로 갖기 어렵다는 말이 성립됩니다. 예컨대 외국인 노동자들이 내국인들 보다 동등한 권리를 갖지 못하고 차별받고 있다고 생각할 때 외국인 노동자들은 긍정적인 자기의식과 존중의식을 가지 못하게 될 것입니다.

따라서 우리가 인간의 삶을 단지 개인들의 이기적이고 생물학적 생명 보존이 아니라, 자기의식에 기초한 자아실현 과정으로 이해한다면 타인의 인정은 성공적 삶의 조건일 뿐만 아니라 행복한 삶의 조건이 될 수 있습니다. 왜냐하면 타인이 나의 인격을 존중하거나 나의 개성을 긍정적으로 평가하고, 나 또한 자신에 대한 자신감, 자존심, 혹은 자긍심을 가질 수 있다면 만족스런 삶을 영위할 수 있기 때문입니다. 이를테면 개인은 자주적이고 도덕적인 판단 능력이 있는 존재로 인정됩니다. 모든 인간주체가 어떤 권리든지 인정될 수 있는 것은 그가 공동체의 성원으로서 사회적 인정을 받을 수 있다는 기본적 사실입니다. 예컨대 분업적으로 조직된 사회적 결사체의 구성원에게 사회적으로 부여된 역할에 따라 제각기 구성원들은 특정한 자신의 권리를 얻게 될 수 있으며 그 권리가 저해될 경우에는 보통 권위를 갖춘 기관에 탄원함으로써 소송을 제기할 수 있습니다. 권리인정의 구조는 법적 의무에 대한 도덕적 지식과 주체의 상대자들이 도덕적 의무를 어떻게 적용할 것인지에 있습니다.

우리가 도덕적 인정행위를 전제한다면 이를 통한 사회 비판은 가능합니다. 왜냐하면 누구를 인정하고 무시하며, 어떤 존재로 인식하는가는 개개인의 임의적 기준에 따라 다양화되는 것이 아닙니다. 그 기준은 언제나 일반화할 수 있는 반복적 현상으로 나타납니다. 이런 점에서 우리는 인정과 무시 행위를 통해 사회구성원들 간의 일상적 관계에 사회적 인정질서에 대해 이야기할 수 있으며, 이러한 사회적 인정질서 속에서 사회 구성원들이 과연 인정을 통해 성공적 자아실현을 보장받고 있느냐에 따라 우리가 살고 있는 사회를 비판할 수 있습니다.

셋째, **사회적 연대감**입니다. 인간은 사회적 연대를 경험하면서 자긍심이라는 긍정적인 자기의식을 형성합니다. 개인은 자신이 공동체의 구성원으로부터 가치 있는 존재로 인정받을 때 공동체 내의 사회적 연대를 경험하며, 이를 통해 자신에 대한 긍지를 갖는 긍정적인 자기의식을 형성하게 됩니다. 여기서 각 개인은 자기만의 특수한 속성을 지닌 존재로 인정됩니다. 각 구성원의 주체들은 자신들의 다양한 삶의 길을 드러내는 상호관계의 방식을 연대라는 개념으로 이해합니다. 이 주체들은 서로가 동등한 방식으로 **가치평가**를 합니다. 여기서 실천적 목표는 개인에게서 타인의 능력과 속성의 중요성을 인정할 수 있게 하는 상호주관적 가치지평을 산출하는 강력한 동의를 형성하는 것입니다. 예컨대 어떤 개인이나 집단이 사회적 연대에서 배제된다면 어떻게 될까요? 우리가 가정에서, 학교에서, 직장에서 그리고 사회 전체에서 따돌림을 당한다면 우리 자신은 공동체에서 소중한 존재로 평가받고 있다는 의식을 가질 수 없을 것입니다. 또한 가부장적 전통이 지배하는 사회에서 여성의 사회진출이 어렵다면, 여성들은 자기 자신에 대한 긍지와 자신의 존재를 부정적으로 의식할 수 있습니다.

현대사회에서 사회적 인정질서와 갈등하는 개인이 점차 증가하고, 또한 이들의 갈등 경험이 일반화되거나 집단화되었을 때 사회는 사회적 인정의 대상과 내용을 확장하려는 **인정투쟁**에 더 한층 직면하게 됩니다. 곧 성공적 자아실현, 행복한 삶의 조건을 확보하기 위한 사회적 저항과 집단적 투쟁이 가시화될 수 있다는 것입니다. 이러한 인정투쟁은 자신을 무시한 상대방을 파괴한다든가 자신을 무시한 사회 자체를 철폐하려는 것은 아닙니다. 다만 인정투쟁은 새로운 인정질서를 형성함으로써 개인의 삶을 보호하려고 한다는 점에서 도덕적 정당성을 갖습니다.

따라서 호네트는 인정의 원칙이 정의의 원칙과 그 타자를 포섭할 수 있는 제3의 원칙으로 발전시키고자 하는 것은 한갓 이론적 구상에 지나지 않는다고 보았습니다. 따라서 그는 궁극적으로 이러한 구상이 보다 좋은 사회를 위해 어떻게 가능하게 실천될 것인지는 행복한 삶과 철학의 근본문제들에 대해 인정의 원칙이 얼마나 응용력을 가질 수 있는지 검토하고자 하였습니다.

15. 피에르 쌍소의 행복한 삶과 철학: 느리게 사는 삶에서 행복을 찾는다

• 빠르게 산다는 것의 의미

피에르 쌍소

현대 프랑스의 철학자 피에르 쌍소Pierre Sansot, 1928~2005는 저서 『느리게 산다는 것의 의미 I』(2000/2014), 『느리게 산다는 것』(2023)에서 빠름 아닌, 느림의 행복을 강조하면서 일약 베스트셀러의 반열에 올려놓았습니다. 현대의 빨리 빨리 문화에 익숙한 우리에게 느림의 행복관은 많은 이에게 잔잔한 파문을 던져 주고 있습니다. 우리는 70년대의 경제의 급속한 부흥으로 인해 바쁘다 바쁘다가 허세의 상징이었다면, 오늘날의 바쁘다 바빠는 위세의 상징이 되면서 지난 1997년 IMF의 경제위기 이후 빨리빨리 문화는 식을 줄 모르고 있습니다. 피에르 쌍소의 행복관은 빨리빨리 문화에 익숙한 우리에게 지난 시간을 한번쯤 돌아볼 수 있는 여유의 시간을 갖는 데 자신을 성찰할 소중한 일깨움을 전해 주고 있습니다. 우리는 "빨리 빨리...!" 일을 할 때도 놀 때도 먹을 때도 자나 깨나 항상 이 말을 외칩니다.

그래서 세상은 모든 일을 척척 기계처럼 빠르게 처리하는 사람들을 중심으로 움직이는 것처럼 보입니다. 또한 빠르게 일 처리를 잘 하는 사람이 능력 있는 사람처럼 보입니다. 느림이라는 것은 우리시대의 낡은 가치들 중에서도 가장 뒤떨어진 것으로 나타날 수 있습니다. 왜냐하면 인간의 재능이 발휘되고 있는 현대사회는 모든 분야에서 점점 빠르게 반응하고, 더 빨리 정보를 얻고, 더 빨리 보고, 더 빠르게 프로그램을 만들어야 하기 때문입니다. 이러한 변화로 인해서 21세기는 믿음이나 이성의 시대가 아니라 정보의 시대라고 말합니다. 최근 들어 빠르게 전환되고 있는 아날로그에서 디지털 기호를 통한 존재론적 전환의 움직임은 점점 무르익어 공격적인고 대리적인 실재가 되어 가고 있습니다. 여기서 존재론적 전환은 우리가 발딛고 있는 세계의 빠른 변화를 의미합니다. 이는 우리의 정보와 지식이 뿌리 내리고 있는 세계 전반의 문맥상의 변화를 말합니다. 그래서 정보를 가장 많이 소유하고, 지식을 가장 많이 갖춘 자들만이 노동의 세계 속으로 파고 들어가게 되는 현상은 앞으로 점점 심해질 것입니다.

그러나 다른 측면에서 볼 때 사람들은 얼마나 많은 것들을 놓치고 있을까요. 피에르 쌍소는 현기증이 날 정도로 빠르게 돌아가는 현대인의 삶 속에서 느리게 사는 것도 괜찮은 방법이라고 과감히 말합니다. 왜냐하면 느림은 자유를 일컫는 가치이기 때문입니다. 그는 느림은 개인의 성격문제가 아니라 삶의 선택에 관한 문제라고 말합니다. 어느 한 기간을 정해 놓고서 그 안에 모든 것을 처리하려고 서두르지 않아도 되고, 시간에 쫓기지 않아도 되는 그런 삶을 선택할 수 있다는 말입니다. 우리는 모든 것을 서두르게 만드는 사회 속에서 자발적으로 그리고 건강한 삶을 유지하기 위해 노력해야 합니다.

• 느리게 사는 삶에서 행복을 찾는다

그러면 시간에 쫓기지 않기 위하여 느리게 사는 지혜에는 무엇이 있을까요? 쌍소는 다음과 같이 몇몇의 과제로 느리게 산다는 것의 의미를 말하고 있습니다.

첫째, **한가로이 거닐기** : 자기만의 시간을 가질 것.

나만의 시간을 내서 발걸음이 닿는 대로 풍경이 부르는 대로 나를 맡기는 것입니다. 이는 시간을 중단시키는 것이 아니라 시간에 쫓겨서 내몰리지 않고 시간과 조화를 이루어 내는 것입니다. 이는 구애받지 않는 자유로움을 의미합니다.

둘째, **들을 것** : 신뢰할 만한 다른 이의 목소리에 귀를 기울일 것.

상대방의 이야기를 들어준다는 행위는 위로한다는 것 이상의 의미를 갖고 있습니다. 상대방의 말을 경청함으로서 그를 최고의 상태에 이르게 하는 것입니다. 우리 사회는 말하는 것과 듣는 것이 균형을 이루고 있지 못하고 있는데 이는 수정할 필요가 있습니다.

셋째, **권태** : 무의미할 때까지 반복되는 것을 받아들이고 취미를 가질 것.

권태는 우리에게 항상 달려들 자세를 취하고 있습니다. 왜냐하면 우리는 시간이라는 문제와 항상 씨름하기 때문입니다. 반복되는 현재라는 시간과 지속성을 갖지 못한 미래라는 시간은 항상 우리에게 붙어 다니고 있습니다. 그리 급하지 않은 일을 잠시 밀어 놓고 느긋한 행복감에 젖어서 기분 좋게 기지개를 켜면서 만족스러운 하품을 할 수 있는 그러한 권태입니다.

넷째, **꿈을 가꿀 것** : 자기 안에 희미하게나마 예민한 하나의 의식을 자리 잡아 둘 것.

꿈속에 빠진다는 것은 흐르는 시간의 속도를 늦추고, 주의력과 무의식이라는 두 강물 사이에서 머무를 수 있는 가장 손쉽고 흔한 방법입니다. 꿈을 꾸는 사람들은 어떠한 개념보다는 이미지를 더 좋아하는 경향을 보입니다. 개념은 그것을 정리하는 데 까다롭기도 하고 노동이 요구되는 데 비해서, 꿈은 세상의 부스러기를 모아서 삶을 풍만하게 살찌우는 것입니다. 이것은 물이라든지, 불 · 공기 · 대지 등 모든 형태의 자연을 찬양하게 하여 우리의 의식을 풍요롭게 합니다.

다섯째, **기다릴 것** : 가장 넓고 큰 가능성을 열어 둘 것.

우리는 어엿한 성인이 되기까지 어머니의 젖을 빠는 것으로부터 시작하여 초등학교 중등학교 고등학교의 학습과정을 거쳐 오랜 기간 수많은 단계를 하나씩 밟아갑니다. 최근에는 인터넷 등의 보급으로 인해 많은 학생들은 이와 같은 기다림을 피하게 되었습니다. 이제는 찾고자 하는 자료들은 오래 기다리지 않아도 신속하게 손에 넣을 수 있습니다.

기다림은 기다릴 필요가 있는 사건에 대해서는 피해가지 않고, 그 사건을 예감하면서 그 첫 징조를 살짝 드러내 보여줍니다. 인간은 살아가면서 완전한 좌절 · 죽음 · 연인과의 사랑의 실패 등을 겪기도 하지만 바로 그것이 기다림을 필요로 하는 이유입니다. 우리는 미래를 예상하고 다가올 좋은 날들을 미리 이야기합니다.

여섯째, **마음의 고향** : 존재의 퇴색한 부분을 간직할 것.

도시화가 진행되고 행정이 개편되면서 전국이 평준화되는 경향을 보이고 있습니다. 그렇기 때문에 마음속에 남아있는 시골고향에 대한 이미지는 더 한층 우리의 마음을 흔들어 놓습니다. 물론 고향에 대한 집착이 지역주의라든지 지방분권을 일으킬 수 있습니다. 그러나 우리의 마음의 고향은 그때의 숨결, 향기, 추억 등이 남아 있어 마음의 고향은 영원합니다. 따분하다는 일상생활이 사라지고 시골의 존재도 사라진 지금에 와서, 따분함은 단지 권태가 아니라 긍정적인 색조로 우리에게 다가올 수 있습니다.

일곱째, **쓸 것** : 마음속의 진실을 형상화할 것,

글을 쓰거나 그림을 그리는 그리거나 작곡을 하는 것은 자신의 재능을 과시하기 위해서가 아니라 오직 자신의 참모습에 접근하기 위해서입니다. 우리는 언어 속에 살고 있습니다. 언어를 사용하기 위해서는 망설임이 필요합니다. 이러한 측면은 음악이나 미술 등 예술작품을 만들어 낼 때 많은 시간을 고심하여 작품의 완성으로 이루어 내는 것과 같습니다. 즉 자신의 참모습을 발견하기는 쉽지는 않으나 그것을 일상적 경험이나 예술의 순수한 창작정신에서 찾는 것입니다. 특히 이는 과거에서부터 현대에 이르기까지 여러 예술가들의 예술작품에서 발견할 수 있습니다.

여덟째, **포도주 한 잔** : 그것은 지혜의 학교.

포도주는 사회적 존재로서 소박하게 사는 사람들과의 관심의 표시가 됩니다. 포도주는 우리의 모든 기능을 약하게 만드는 효과를 지니고 있습니다. 취기가 어느 정도 돌면 우선 흥분을 일으키게 되고 말, 행동 등이 부자연스럽게도 되는 몸의 변화가 일어지만, 조촐하게 살아가는 이웃사람들과의 조화를 이루어 냅니다. 그것이 인간과 장소, 계절이 섬세하고 은밀하고 감동적인 조화를 이루었을 때 시정時情이 태어나며 그 자체가 시적인 행위로 나타납니다.

아홉째, 모데라토 칸타빌레 : **극단보다는 절제**를 가질 것.

절제란 미적지근하고 모험을 두려워하고 상상력이 결여된 태도를 말하는 것이 아니라 합법적인 야망을 지니고 살아가는 것입니다. 절제는 소극적으로 처신하거나 스스로 엄격하게 행동하는 것을 의미하는 것은 아닙니다. 인류를 위협하는 극단적인 태도를 경계하고 또한 그러한 것과 투쟁하기 위해서입니다. 사람들이 원한다고 모든 무조건 정책을 세우는 것이 아니라, 효과적인 정책을 세우기 위해서 사회세력들과 야심찬 프로그램 등에 같이 동참하는 것입니다. 절제는 "적은 것"으로부터 출발합니다. 적은 것으로 만족하며 살아간다는 것이 보잘 것 없는 것은 아닙니다. 그것은 곧 지혜를 의미합니다. 예를 들어 남을 함부로 비판하지 말 것, 무리한 요구를 하지 말 것, 상황이 제공해 준 것을 최대한 이용할 것, 사회계층의 꼭대기에 있는 사람들을 비통한 질투의 시선으로 바라보지 말 것, 자신의 취향에 따라 착실하게 앞으로 나아갈 것 등이 그러합니다. 행복의 본질은 분명하게 드러나는 것은 아니지만, 무엇이 우리 자신을 행복으로부터 벗어나게 하는지는 알 수 있습니다. 즉 끊임없는 수다, 쓸데없는 일들의 소모, 헛된 것들이 바로 그것입니다.

쌍소는 길을 걷는 것은 행복하다는 데에서 그의 느림의 철학을 시작합니다. 『인정투쟁』에서 그는 천천히 사는 자의 행복을 말합니다. 걷는 것은 천천히 사는 법을 배우는 중요한 요소라는 것입니다. 이 길이 나를 어디로 데려다 줄지 모른다면, 그 예측할 수 없는 삶에의 기대는 나를 더 고조시키고 있습니다. 쌍소의 걷는 자의 철학, 길에서의 사유를 말하는 것은, 길을 걷는 것이 마치 발라드와 같다고 우리를 유혹합니다. 그의 느림의 철학은 어떤 목적을 갖고 특정한 장소로 옮겨가는 것이 아닙니다. 우리가 어디로 갈지 모르고 어디에 닿아야 할 이유조차 없는 걸음인 것입니다. 따라서 그의 느림의 철학은 모든 것에 대해 빨리빨리를 능사로 여기고 잘하는 처사라고 생각하는 현대인에게 반성의 소리로 조용히 우리 곁에 다가옵니다.

미주

1) 김용석, 『미녀와 야수 그리고 인간』, 푸른 숲, 2000, 397쪽.

2) 달라이 라마 · 하워드 커틀러, 『달라이 라마의 행복론』, 류시화 옮김, 김영사, 2002.

3) 잭 킨필드 · 마크 빅터 한센, 『꿈을 도둑맞은 사람들에게』, 김재홍 옮김, 현재, 2017, 214쪽.

4) 로버트 기요사키 · 샤론 레흐트, 『부자아빠 가난한 아빠1.2.3』, 황금가지, 2022.

5) 랠프 에이브러햄, 『카오스 가이아 에로스』, 김중순 옮김, 두산동아, 1997, 244쪽.

6) 이윤기, 『이윤기의 그리스 로마 신화』, 웅진닷컴, 2001, 115쪽.

7) 아리스토텔레스, 『니코마코스 윤리학』, 최명관 옮김, 을유문화사, 1983, 187쪽.

8) 쇼펜하우어, 『불행한 철학자 쇼펜하우어의 행복의 철학』, 정초일 옮김, 푸른숲, 2001, 18-19쪽.

더 참조해야 할 책

강용수, 『마흔에 읽는 쇼펜하우어』, 유노북스, 2023.

김선욱, 『행복과 인간적 삶의 조건』, 커뮤니케이션북스, 2018.

니컬러스 크리스타키스, 『행복은 전염된다』, 이충호 옮김, 김영사, 2010.

데릭 보크, 『행복국가를 정치하라』, 추홍희 옮김, 지안출판사, 2011.

버트란트 러셀, 『행복의 정복』, 이순희 옮김, 사회평론, 2010.

서은국, 『행복의 기원』, 21세기북스, 2021.

손봉호 외, 『행복은 어디에서 오는가』, 학지사, 2019.

신승환, 『행복한 삶의 조건』, 커뮤니케이션북스, 2018.

아르투어 쇼펜하우어, 『불행한 철학자 쇼펜하우어의 행복의 철학』, 정초일 옮김, 푸른숲, 2001.

아르투어 쇼펜하우어, 『쇼펜하우어의 인생론과 행복론』, 을유문화사, 2023.

알렝 바디우, 『행복의 형이상학』, 박상훈 옮김, 민음사, 2016.

윌리암 글라써, 『행복의 심리, 선택이론』, 김인자·우애령 옮김, 한국심리상담연구소, 2010.

유정기, 『아리스토텔레스의 정치학 -행복의 조건을 묻다-』, 사계절, 2022.

임정환, 『행복으로 보는 서양철학』, 씨아이알, 2018.

조지 베일런트, 『행복의 완성』, 김한영 옮김, 흐름출판, 2011.

조지 베일런트, 『행복의 조건』, 이덕남 옮김, 프런티어, 2011.

채정호, 『진정한 행복의 7가지 조건』, 인플루엔셜, 2023.

최유석, 『한국의 행복 불평등』, 법무사, 2023.

캐롤라인 A. 밀러, 유펜긍정심리학응용센터·마이클 프리슈, 『나는 이제 행복하게 살고 싶다』, 우문식·박선령 옮김, 물푸레, 2015.

탈 벤-샤하르, 『완벽의 추구』, 노혜숙 옮김, 위즈덤하우스, 2010.

탈 벤-샤하르, 『하버드대 52주 행복연습』, 서윤정 옮김, 위즈덤하우스, 2010.

탈 벤-샤하르, 『해피어』, 노혜숙 역, 위즈덤하우스, 2007.

탈 벤-샤하르, 『행복을 미루지 마라』, 권오열 옮김, 와이즈베리, 2013.

탈 벤-샤하르, 『행복이란 무엇인가』, 김정자 옮김, 느낌이있는 책, 2014.

탈 벤-샤하르, 『하버드는 학생들에게 행복을 가르친다』, 노혜숙 옮김, 위즈덤하우스, 2022.

홍사현, 『니체의 행복론』, 커뮤니케이션북스, 2018.